GÜTERSLOHER
VERLAGSHAUS

W0278628

Gütersloher Verlagshaus. Dem Leben vertrauen

Dorothee Döring

Die Brücke zurück ins Leben finden

Hilfen für Trauernde nach dem
Verlust eines geliebten Menschen

Gütersloher Verlagshaus

Bibliografische Information der Deutschen Nationalbibliothek
Die Deutsche Nationalbibliothek verzeichnet diese Publikation in der Deutschen Nationalbibliografie; detaillierte bibliografische Daten sind im Internet über http://dnb.d-nb.de abrufbar.

1. Auflage

Umschlaggestaltung: schwecke.mueller Werbeagentur GmbH, München
Umschlagmotiv: © Jean Schweitzer/iStockphoto.com
Satz: Katja Rediske, Landesbergen
Druck und Einband: Těšínská Tiskárna AG, Český Těšín
Printed in Czech Republic

ISBN 978-3-579-06434-5

www.gtvh.de

Inhalt

Vorwort

Die Trauer über den Tod eines geliebten Menschen gehört zu den intensivsten und oft kaum zu ertragenden Gefühlen. Trauer kann Menschen in die Einsamkeit und Isolation führen. Darum ist es so wichtig, Trauernden auf ihrem Weg zu helfen. Das nicht immer erreichbare Ziel dieses Weges ist die allmähliche Überwindung der Trauer und die Wiedererlangung der Lebensfreude und Lebensbejahung. So ist der Einführungsteil ***Trauer ist ein heilsamer Prozess*** zu verstehen.

Im ersten Teil, ***Hilfen im Trauerfall,*** zeige ich, wie wichtig es für den Trauernden ist, bereits ab dem Zeitpunkt des Todes Trauerrituale zu beachten und zu praktizieren.

Trauer hat viele Gesichter: Eltern trauern anders um ein verlorenes Kind, Kinder anders über den Tod eines Geschwisters, eine Witwe anders über den gestorbenen Ehemann, ein Mann anders als eine Frau.

Im zweiten Teil, ***Trauerwege sind individuell – Hilfen für Trauernde,*** versuche ich, Verständnis für die Unterschiedlichkeit von Trauersituationen zu wecken, und stelle jeweils konkrete Hilfen für die Trauernden vor. Es gilt, Trauernde da abzuholen, wo sie sich gerade in ihrer Trauer befinden. Trauernde brauchen vor allem Menschen, die ihnen zuhören, die für sie da sind, sie aufbauen und ihnen neue Perspektiven aufzeigen. Es kommen auch TeilnehmerInnen meiner Seminare zu Wort, die darüber berichten, was ihnen geholfen hat, aus der Trauer die Brücke zurück ins Leben zu finden.

Im letzten Teil, ***Begegnung und Kontakt,*** werden Trauernden Wege gezeigt, wo und wie sie verständnisvolle Mitmenschen kennen lernen können. Darüber hinaus finden Sie im Anhang nützliche Kontaktadressen und Literaturhinweise.

So hoffe ich, dass Ihnen die aufgezeigten Wege und Angebote dieses Buches auf Ihrem eigenen schweren Weg oder in der Begleitung helfen können.

Kaarst, im Januar 2007 *Dorothee Döring*

Einführung: Trauer ist ein heilsamer Prozess

Trauer ist eine natürliche Reaktion auf einen erlittenen, endgültigen Verlust. Sie kann sich auf den Verlust eines geliebten Menschen oder Tieres beziehen, aber auch auf den endgültigen Verlust von Chancen, verbunden mit dem Wegfall bestimmter Lebensziele. Einen Trauerprozess macht auch der Schwerkranke durch, wenn er erkennt, dass seine Gesundheit unwiederbringlich verloren ist und er sich auf den nahen Tod vorbereiten muss[1].

In diesem Buch gehe ich nur auf die Trauer von Hinterbliebenen über den Tod eines geliebten Menschen ein.

Der Verlust eines geliebten Menschen bedeutet immer eine seelische Extremsituation. Das Gefühl der Trauer wirft bei Betroffenen grundsätzliche Fragen nach dem Leben und dem Tod auf.

Der Tod ist vergleichbar mit einer Gerölllawine, die plötzlich in die alltägliche Welt eines Menschen hereinbricht. Der Hinterbliebene muss seinen Weg durch ein Trümmerfeld finden. Trauer ist unberechenbar und verläuft gewöhnlich in **Phasen:**

Zunächst befinden sich Trauernde meist in einer Art *Schockzustand*, wollen nicht wahrhaben, dass ein Mensch verstorben ist.

Dann erleben sie *Depressionen,* Zukunftsangst, hadern mit dem Schicksal, haben Schuld- und Verlassenheitsgefühle und zeigen körperliche Reaktionen wie Schlaf-, Kon-

1. Döring, Dorothee, Leben in Würde bis zuletzt, Bonifatius Verlag Paderborn, 2002.

zentrations- und Appetitstörungen. Die Gedanken kreisen nur noch um den Verlust.

In der Phase der *Neuorientierung* gelingt es den Trauernden, sich wieder besser auf das Hier und Jetzt zu konzentrieren und den Blick auch auf die Zukunft zu richten. Die den Trauernden bis dahin beherrschende Verzweiflung ist gewichen, er kann nun liebevoll und gelöst an den Verstorbenen denken.

Schließlich kommt es bei erfolgreicher Trauerbewältigung zu einem neuen seelischen Gleichgewicht.

Wer um einen nahe stehenden Menschen trauert oder gar seinen Lebenspartner verloren hat, bekommt von der Gesellschaft eine Art *Schonfrist* zugestanden. Mit entsprechenden *Farben* – hier in Mitteleuropa ist es *schwarz* – bringt man seine Trauer zum Ausdruck. Damit erweist man einerseits den Verstorbenen den letzten Respekt: das Leben geht ohne sie nicht einfach so »bunt« weiter wie zuvor. Andererseits sagt man den Mitmenschen damit *»Bitte lasst mir ein bisschen Ruhe, ich muss lernen mit diesem schmerzhaften Verlust umzugehen«*.

Manche Menschen neigen dazu, den Verlust zu *verdrängen*. Sie stürzen sich in Arbeit, in neue Beziehungen, versuchen sich durch Hyperaktivität abzulenken und wollen weder über das Unglück sprechen, noch daran denken. Leider ist das kein erfolgversprechender Weg. Denn Trauer lässt sich auf Dauer nicht einfach wegsperren. Irgendwann bricht sie wieder hervor – und meistens gerade dann, wenn man überhaupt nicht damit rechnet. Man spricht dann auch von *»Trauerattacken«*.

Sinnvoll ist es dagegen, die Trauer zuzulassen und an ihrer Bewältigung zu »arbeiten«. Trauerarbeit ist in erster Linie Lernarbeit. Man lernt ohne den geliebten Menschen, unter veränderten Bedingungen »weiter zu leben«. Wie das geschieht, ist individuell verschieden. Denn jeder Mensch erlebt seine Trauer ganz persönlich und einzigartig. Deshalb kann man Trauer auch nicht vergleichen, weder zeitlich noch in ihrer Intensität. Am Ende des Trauerweges kann der Trauernde der Welt wieder unbefangen und aufgeschlossen begegnen, hat er seinen Verlust akzeptiert. Er hat einen *heilsamen Prozess* durchlebt.

Hilfreich können auf diesem Weg **Angehörige und Freunde** sein. Aber diese fühlen sich häufig verunsichert, es fehlen ihnen die richtigen Worte, und weil sie nicht wissen, was sie sagen sollen, vermeiden sie den Kontakt und tragen dadurch ungewollt zur Isolierung von Trauernden bei. Dabei kommt es nicht immer nur auf das *gesprochene* Wort an.

Auch *nonverbale* Kommunikation wie Mimik und Körpersprache zeigen dem Trauernden, dass man ihm helfen will und mit ihm empfindet. *Körpersprache lügt nie!* Nonverbale Signale sind in vielen Situationen mindestens so wichtig wie die ausgetauschten sprachlichen Inhalte.

Wer mit Trauer konfrontiert wird, sollte wissen:
Es gibt keinen Trost, es gibt nur Beistand. Das Wichtigste, das man für einen Menschen im Trauerprozess tun kann, ist, für ihn da zu sein.

Das Angebot, *»Melde dich, wenn du etwas brauchst, du kannst mich jederzeit anrufen«* dagegen nützt gar nichts. Dieser Satz macht den Trauernden zum Bittsteller – in einer Situation, in der es ihm ohnehin unmöglich ist, auf andere Menschen zuzugehen. Viel besser sind konkrete Ankündigungen: *»Ich ruf dich morgen wieder an!«* oder *»Ich komme*

Mittwoch wieder vorbei.« Der Trauernde kann nicht anrufen, wenn er etwas braucht. Nein, man muss immer wieder selbst anrufen, auch hinnehmen, dass der Trauernde sagt: *»Ich kann jetzt nicht telefonieren«*, und dann trotzdem wieder anrufen. Es kann auch helfen, konkrete Unterstützung anzubieten, z. B. etwas aus der Stadt mitzubringen, oder Trauernde bei ungewohnten bürokratischen Dingen zu unterstützen.

Eigentlich ist es nicht viel, was man tun muss: Dem anderen offen gegenübertreten, aufmerksam sein, zuhören und ehrlich sein. In der Regel sind spontane Reaktionen richtig, denn sie kommen von innen. Je nachdem, wie das Verhältnis zum Trauernden ist, können auch nonverbale Reaktionen helfen – den anderen fest in den Arm zu nehmen und zu drücken beispielsweise. Und keine Angst vor den Tränen zu haben. Dies hilft viel mehr, als zu sagen: *»Im Grunde war es doch eine Erlösung«* oder *»Das Leben geht weiter.«* Solche Worte will niemand hören und sie sind für den Trauernden auch nicht hilfreich. Auch Floskeln wie *»Die Zeit heilt alle Wunden«* können Trauernde nur als furchtbar unsensibel empfinden. Einem Menschen, der trauert, sollte man auch nicht unbedingt die eigenen Trauererfahrungen überstülpen, etwa die mit dem Tod der eigenen Mutter. Das wertet das Leid des anderen ab und bedeutet für viele Trauernde: *»Ich erkenne nicht an, wie sehr du trauerst.«*

Trauernde sind hochsensibel und spüren, wenn Menschen ihnen ausweichen, denn sie nehmen ihre Umwelt intensiver wahr. Viel besser, als den Trauernden zu meiden, ist es, die eigene Hilflosigkeit einzugestehen: *»Ich weiß gar nicht, was ich sagen soll.«*

Sind mehrere Monate seit dem Tod eines Menschen verstrichen, ist die Umwelt oft darüber erleichtert, dass man endlich wieder »zur Tagesordnung übergehen« kann. Manche fürchten auch, den Trauernden an den Verlust zu erinnern, wenn er gerade nicht daran denkt oder sogar »darüber hinweg« zu sein scheint – eine unnötige Rücksichtnahme! Der Trauernde erwartet geradezu, dass von und über den Toten gesprochen wird, weil er sonst das schreckliche Gefühl haben muss, der Tote solle auch noch totgeschwiegen werden.

Die Brücke

von Jörg Zink

Lange stand ich vor der schmalen Holzbrücke,
die sich mit ihrem sanften Bogen spiegelte.
Es war eine Brücke zum Hin- und Hergehen,
hinüber und herüber. Einfach so/
des Gehens wegen und der Spiegelungen.
Die Trauer ist ein Gang hinüber und herüber.
Hinüber/dorthin, wohin der andere ging.
Und zurück/dorthin, wo man mit ihm war
alle die Jahre des gemeinsamen Lebens.
Und dieses Hin- und Hergehen ist wichtig.
Denn da ist etwas abgerissen.
Die Erinnerung fügt es zusammen, immer wieder.
Da ist etwas verlorengegangen.
Die Erinnerung sucht es auf und findet es.
Da ist etwas von einem selbst weggegangen.
Man braucht es. Man geht ihm nach.

Man muss es wiedergewinnen/wenn man leben will.
Man muss das Land der Vergangenheit erwandern,
hin und her, bis der Gang über die Brücke
auf einen neuen Weg führt.

Aus: Jörg Zink, Trauer hat heilende Kraft. © Kreuz Verlag, Stuttgart 2001, S. 16.

Hilfen im Trauerfall

1. Die Bedeutung der Trauerrituale

Unter einem Ritual versteht man eine Kult- oder religiöse Handlung, im weiteren Sinn aber auch eine Sitte, einen Brauch, eine Gewohnheit. Religiöse Rituale sind z. B. die Kommunion in der katholischen, bzw. das Abendmahl in der evangelischen Kirche.

Rituale sind sich wiederholende Verhaltensmuster. Jeder übt sie aus, weil sie jeder braucht, weil sie der Seele guttun. Je nach Situation können sie reinigend, befreiend oder beglückend sein. Wir brauchen Rituale, denn sie bieten uns Beständigkeit und die Möglichkeit, in der Wiederholung vertrauter Handlungsabläufe Ruhe, Sicherheit und Geborgenheit zu finden.

Die bei bestimmten Anlässen wiederholte gemeinsame rituelle Handlung in der Gruppe, z. B. im Gottesdienst, fördert das Gemeinschaftsgefühl und dient damit dem sozialen Miteinander. Die enorme Suggestivkraft der Rituale beim Tod von Johannes Paul II. zog weltweit Millionen Menschen in ihren Bann. Vom genau festgelegten Protokoll zur Verkündung des Todes, über die Aufbahrung und Beerdigung des Leichnams im Petersdom bis zum mittelalterlich anmutenden Konklave zur Wahl des neuen Papstes handelt es sich um seit Jahrhunderten praktizierte Rituale, die offenbar bis heute ihre Bedeutung bewahrt haben.

Die Beerdigung ist ein Ritual, auf das wir unseren Schmerz und unsere Fragen projizieren können. Und es geht uns danach besser! Dieses Ritual ist die Antwort auf alle

Gefühle, die wir mit dem Tod verbinden, und wir haben die Chance, das alles emotional zu verarbeiten.

Die Beerdigung im eigentlichen Sinne ist aber nur *ein* Ritual in einer Reihe von Trauerritualen im Trauerfall, wie z. B.:

- Eine Kerze anzünden, sobald ein Mensch verstorben ist,
- ein Vaterunser beten,
- ein Kreuz aufstellen,
- das Sterbezimmer mit Blumen ausschmücken,
- den Verstorbenen waschen und ankleiden,
- eine Totenmaske abnehmen,
- Sargbeigaben spenden,
- die Kondolenzbesuche,
- die Totenwache am Vorabend der Beerdigung,
- die Totenfeier (Totenmesse, bzw. Aussegnung),
- die Beerdigung,
- der Beerdigungskaffee,
- das Tragen von Trauerkleidung,
- die Einhaltung einer Trauerzeit, meist ein Jahr,
- die Grabpflege.

Hans-Werner, Teilnehmer eines Trauerseminars, äußert sich zu seinen Erfahrungen mit Ritualen so:

»Als mein Vater im Sterben lag, haben wir uns oft über seine Beerdigung unterhalten. Er vertrat den Standpunkt, dass er kein Grab brauche. »Wozu auch – ich bin dann eh nicht mehr da« und Beerdigung und Gottesdienst hielt er auch für überflüssig. »Verbrennt mich und es ist gut«, sagte er. »Dann habt ihr keine Sorge mit der Grabpflege.«

Bis zu seinem Tod sah ich vieles ähnlich wie er. Ich persönlich brauche auch kein Grab. Aber am Tag seiner Beerdigung habe ich eine Erfahrung gemacht, die mir gezeigt hat, wie wichtig ein Ritual sein kann. Das Versenken des Sarges in der Erde hat etwas Unwiderrufliches an sich. Er – sein Körper wird der Erde übergeben. Nie wieder wird er körperlich in Erscheinung treten. Für meine Mutter war es der Augenblick, in dem sie schmerzhaft erfahren hat, dass er sie endgültig verlassen hat, dass sie ihn nie wieder sehen wird, nie wieder mit ihm reden wird. Dieses Ritual des Abschieds ist für viele wichtig, denn nur wer Abschied nehmen kann, realisiert, dass etwas zu Ende ist und ist erst dadurch in der Lage, sich auf Neues einzulassen. Gerade Tod und Beerdigung sind wichtig – wenn nicht für einen selbst, dann für Familienangehörige oder Freunde. Insofern kommt es nicht immer darauf an, was man selbst gerne hätte oder möchte, sondern das, was der Andere braucht. So gibt es noch unzählige Rituale, die ohne Worte zeigen, ob wir in der Lage sind, auf die Gefühle und Bedürfnisse anderer einzugehen.«

In der heutigen Zeit wenden sich mehr und mehr Menschen von den Kirchen ab. Damit schwindet auch das Verständnis für die heilende und tröstende Kraft der Rituale. Dabei bieten die Kirchen speziell im Trauerfall eine verlässliche Basis und berücksichtigen auch diejenigen, die zurückbleiben. Die Kirchen bieten in ihren Ritualen Trost an, z. B. die Kommunion, das Abendmahl oder das Sakrament der Krankensalbung für Sterbende, eine Aussegnung des Verstorbenen für die Angehörigen. Sie lassen der Trauer und dem Abschied Zeit. Schon in antiker Zeit stand das Christentum in dem Ruf, gut mit seinen Toten umzugehen. Auch in säkularen Gesellschaften wie in der ehemaligen DDR war der

Wunsch nach einer kirchlichen Bestattung sehr weit verbreitet. Die Kirche hat 2000 Jahre Erfahrung mit ihren Ritualen und kann deshalb Sicherheit bieten.

Ich selbst stamme aus einem kleinen Dorf im Sauerland und ich denke oft über die **Rituale um Sterben, Tod und Trauer** nach, die ich noch kennen gelernt habe. Dabei bin ich mir der Tatsache bewusst, dass das, was in früheren Zeiten einmal zur Normalität gehörte, inzwischen zum Tabuthema geworden ist. Auch meine frühere Heimat liegt heute »voll im Trend« der Zeit: Über das Sterben wird nicht mehr gesprochen, es wird aus dem Umfeld der Lebenden verbannt und in professionelle Hände von Bestattern gegeben. Da unterscheidet sich die Dorfbevölkerung kaum mehr von der Stadtbevölkerung. Man lebt, als sei Sterben nur etwas für die anderen. Erst mit zunehmendem Alter werden die meisten Zeitgenossen eines Besseren belehrt.

Früher gab es bei uns auf dem Land noch Bräuche, die Jahrhunderte alt waren und sich von Generation zu Generation überliefert hatten. Meine Oma erzählte mir, dass es zu ihrer Jugend noch üblich gewesen sei, die traurige *Nachricht* vom Tod eines Angehörigen im Dorf persönlich von Haus zu Haus zu überbringen. Später haben das die Nachbarn übernommen, danach wurde die *Totenglocke* geläutet, so dass jeder im Dorf wusste, dass jemand gestorben war. Heute ist auch auf dem Land alles anders. Ein Todesfall wird über die regionale Tageszeitung bekanntgegeben und im Mitteilungskasten der Kirche oder der Gemeinde ausgehängt. Ein Aushang, der häufig nicht mehr mitteilt, als dass ein Mensch gestorben ist. Eine Notiz, die einem Menschen nicht gerecht werden kann, die ihn auf seinen Namen und sein Sterbedatum reduziert. Vom Bestatter wird alles perfekt geregelt. Die Trauernden aber bleiben sich oft in ihrem Schmerz selbst überlassen.

Als meine Oma starb, war es noch die Sache der Nachbarn, für das *Ausschmücken des Aufbahrungsraumes* (früher wurde generell zu Hause aufgebahrt) zu sorgen, den *Leichnam zu waschen, anzukleiden* und mit Hilfe des ortsansässigen Schreiners einzusargen. Der Schreiner lieferte den Sarg, alles andere war Sache der Nachbarn. Auch die *Totenwache* am Tag vor der Beerdigung abzuhalten und die Sargträger zu stellen, war Aufgabe der Nachbarn.

Es gibt Traditionen, die es wert sind, nicht in Vergessenheit zu geraten. Natürlich kann man nicht jedes Ritual wiederbeleben, aber man kann von den alten Riten lernen. Wäre es nicht viel menschlicher, wenn die schlimme Nachricht des Todes eines geliebten und geschätzten Freundes oder Verwandten durch einen Menschen überbracht würde? Eine persönliche Begegnung in schwerer Stunde.

Wenn der Tod eines Angehörigen eingetreten ist, stehen die Hinterbliebenen oft unter Schock. Erst dann wird vielen bewusst, dass sie mit dem Tod nicht umgehen können.

Die Rituale der Vergangenheit, wie sie seit der griechischen Antike bestehen – den Toten zu waschen, anzukleiden, Totenwache zu halten –, ließen Hinterbliebenen Zeit, den Tod sinnlich zu begreifen. Weitgehend wird das heutzutage von professionellen Bestattern übernommen. Abgesehen von den Gebräuchen in manchen ländlichen Gebieten sind als Trauerrituale im Wesentlichen geblieben:

die Trauerfeier, die Beerdigung, der Beerdigungskaffee (oder auch »Leichenschmaus«) und das Tragen der Trauerkleidung, bis zum Tag der Beerdigung.

Als Rituale nach der Beerdigung sind die *Grabpflege* und die Gestaltung bestimmter *Gedenktage* zu nennen:

So bietet die Katholische Kirche das »6-Wochenamt« und das »Jahresgedächtnis« an. Aber es gibt auch den nichtreligiös geprägten Brauch, sich mit Familienangehörigen und sehr engen Freunden an bestimmten Tagen zur Erinnerung an den Verstorbenen zu treffen (z. B. am Todestag).

Der Weg der Trauer ist einer der schwierigsten Wege, die wir im Leben gehen müssen. Rituale helfen dabei und werden derzeit wieder entdeckt. *Rituale geben Halt in einer haltlosen Situation.* Sie gehören zum kulturellen Erbe der Menschheit und haben damit eine lange Tradition. In unserer Zeit ist die Rückerinnerung an heilsame Rituale weitgehend verlorengegangen. *In Trauergruppen wird die Ritualarbeit mit Trauernden neu erfahren, wobei es hier um einen ganzheitlichen Ansatz geht, das Unfassbare mit allen Sinnen erfahrbar zu machen.* Behutsam beschreiten Trauernde Wege, die gemeinsam mit all denjenigen gegangen werden können, die für sich keinen Weg mehr sehen, die sich verletzt und verlassen fühlen. Trauerrituale helfen Menschen auf ihrem Weg durch die Trauer, ein Weg, der ins Zentrum eines Labyrinths führt und wieder hinaus.

An dieser Stelle möchte ich eine Geschichte erzählen, die Zuversicht vermittelt und Mut macht und die zeigt, dass es auch heute noch tröstende Rituale in Familien gibt:

Margot M. ist tot. Dass ihr Tod bevorstehen würde, wussten alle, die ihr nahestanden. Sie hatte eine Krebserkrankung, die in we-

nigen Monaten zum Tode führt. Ihre Krankheit, die erst vor einem halben Jahr diagnostiziert worden war, thematisierte sie selten und auch nur ansatzweise. Die Worte »Chemo« oder »Krebs« vermied sie.

Im Verlauf ihrer Erkrankung veränderte sich viel: ihr einst arbeitssüchtiger Mann reduzierte seine Arbeit, war nun regelmäßig zu Hause, versorgte seine Frau, den Haushalt und beide halbwüchsigen Kinder. Es war eine Zeit, in der die Familie begann, ein »normales« Familienleben zu führen.

Dann starb Margot, zu Hause, in ihrem Bett. In ihrer Todesstunde war ihre ganze Familie bei ihr, ihr Mann und ihre beiden Kinder. Sie sangen und beteten. Margot, eine gläubige Frau, starb im Kreise ihrer geliebten Familie. Das hat sie sicherlich sehr glücklich gemacht. Als Ritual stellte der Ehemann ein Kreuz auf und zündete im Augenblick des Todes eine Kerze an. Gemeinsam beteten Vater und Kinder das »Vaterunser«.

Margots Mann wollte keine große Beerdigung. Deshalb setzte er auch keine Todesanzeige und den Termin der Beerdigung seiner Frau in die Zeitung. Trotzdem aber nahmen sehr viele Menschen am Trauergottesdienst und der Beerdigung teil, denn Margot war sehr beliebt und ihr früher Tod löste allgemeine Betroffenheit aus. Sich von ihr zu verabschieden und ihr die letzte Ehre und das letzte Geleit zu erweisen, das war vielen ein echtes Anliegen.

Margots Mann geht regelmäßig mit beiden Kindern zum Friedhof. Sie zünden ein Grablicht an, sammeln Blätter vom Grab und beten. Aber trotz aller Trauer um den schmerzlichen Verlust können die Hinterbliebenen auch miteinander lachen und fröhlich sein. Margot würde das sehr gefallen, denn sowohl Trauer als auch Lebensfreude sind Bestandteile des Lebens.

Es gibt Trauersituationen, die besonders schwierig zu bewältigen sind, weil Hinterbliebene keine Möglichkeit haben, real und bewusst vom Toten Abschied zu nehmen, weil sein Leichnam nicht geborgen werden konnte.

Denken Sie an die Mutter, die ihren Sohn beweint, der 1943 in Russland gefallen ist, an die Menschen, die bei der Tsunami-Katastrophe am 26. 12. 2004 im Indischen Ozean ertranken oder an die 116 Urlauber, die am 6. Februar 1996 auf dem Flug nach Deutschland vor der Küste der Dominikanischen Republik ins Meer stürzten und nicht mehr geborgen werden konnten.

Die Angehörigen leiden oft noch nach Jahren darunter, dass der Tod nur abstrakt erfahrbar, plötzlich eintrat und keine Leiche hinterließ.

Hilfreiche Abschiedsrituale wie die Aufbahrung und Beerdigung fehlen diesen Menschen, um an den Tod glauben, ihn akzeptieren und in das eigene Leben integrieren zu können.

Unsere Toten sind nicht abwesend, sondern nur unsichtbar. Sie schauen mit ihren Augen voller Licht in unsere Augen voller Trauer. (Augustinus)

2. Die Organisation von Trauerritualen in der Familie

Der Tod gehört zum menschlichen Leben. Doch er greift oft erbarmungslos ins volle Leben. Manche sterben nach leidvoller Krankheit, andere werden plötzlich aus dem Leben gerissen. Manche sterben »lebenssatt«, andere hatten noch viele Pläne.

Unsere Zeit bringt es mit sich, dass wir gezwungen sind, mobil zu sein. Die Familienmitglieder wohnen oft weit voneinander entfernt. Das hat zur Folge, dass man bei Trauerfällen in der Familie die Organisation der Beerdigung dann oft einem Bestatter aus der näheren Umgebung anvertraut.

Nach dem Tod eines Menschen bleibt den Angehörigen oft keine Zeit zum Abschiednehmen und zum Trauern. Denn unverzüglich muss die Beerdigung organisiert werden – eine ungewohnte und heikle Aufgabe. In kurzer Zeit werden Angehörigen wichtige Entscheidungen mit Tragweite abverlangt. Wer seinen »Abgang von der Bühne des Lebens« zu Lebzeiten selbst bestimmt und schriftlich hinterlegt, kann Angehörige sehr entlasten. Nicht jeder »normal Sterbliche« schafft eine so perfekte Inszenierung der Trauerfeierlichkeiten bis ins letzte Detail, wie es Fernsehzuschauer aus aller Welt mitverfolgen konnten, als »Queen Mum« zu Grabe getragen wurde.

Aber immer mehr »normal Sterbliche« beschäftigen sich bereits zu Lebzeiten mit ihrer Beerdigung. Oft hinterlassen sie klare Anweisungen, manchmal wird vor dem Tod noch mit den Angehörigen über den »letzten Akt« gesprochen oder alles ist bereits über ein Beerdigungsinstitut organisiert und im Voraus bezahlt. Damit man der Familie finanziell nicht auf der Tasche liegt oder bei der Beerdigung geknausert wird, haben viele ältere Menschen Geld beim Bestatter hinterlegt oder eigens eine Sterbeversicherung abgeschlossen. Immer mehr Menschen entscheiden sich dazu, ein Sparbuch mit Zweckbestimmung »Beerdigung« einzurichten.

Für hinterbliebene Angehörige können solche finanziellen Vorausverfügungen hilfreich sein, denn normalerweise bedeutet der Tod eines Angehörigen ungewohnten Stress für die Hinterbliebenen, selbst dann, wenn das nahe Ende absehbar war. Für Trauer bleibt zunächst kaum Zeit, weil innerhalb von zwei drei Tagen entschieden werden muss, wann, wo und wie die Beerdigung stattfinden soll, wie die Traueranzeigen aussehen sollen, wer eine zugeschickt bekommen soll und wer ausdrücklich zur Beerdigung eingeladen werden muss. Eine Fülle von Formalitäten ist zu erledigen. Aber nicht nur das. Beerdigung heißt auch, dass es immer um viel Geld geht, denn der Tod und ein würdevoller Abgang sind keineswegs umsonst. Ein Todesfall kann sogar sehr teuer sein.

Stichworte: Geld/Versicherungen/Verträge

Zunächst muss eine Familie, sofern niemand bereits eine Vollmacht hat, prüfen, ob sie überhaupt an das Geld eines Verstorbenen herankommt. Bei Eheleuten, die ein Gemeinschaftskonto unterhalten, ist das unproblematisch. Auch dann, wenn jeder ein eigenes Konto unterhält, über das aber beide Ehepartner verfügungsberechtigt sind, gibt es keine Probleme. Der überlebende Partner kann dann weiterhin uneingeschränkt disponieren. Im Regelfall pflegen Banken sich in Erbangelegenheiten peinlichst korrekt zu verhalten, aus Angst, möglicherweise an den Falschen zu zahlen und später in Haftung genommen zu werden. Deshalb kommt es beim Einzelkonto darauf an, ob der Verstorbene eine Vollmacht ab dem Tod oder über den Tod hinaus erteilt hat. Ist das der Fall, kann der Bevollmächtigte über das Konto verfügen. Die Bank hat aber das Recht, zu verlangen, dass alle Erben diese Vollmacht bestätigen. Oft gestatten Banken den Hinterbliebenen nur eine Verfügung für eine angemessene Beerdigung, die Bezahlung noch offener Arztrechnungen oder ähnlicher Verpflichtungen des Verstorbenen. Das kann im Einzelfall zu Unmut bis zu lautstarkem Protest führen, wenn beispielsweise die verstorbene Oma ein pralles Konto hinterlässt, die Bank aber nur bereit ist, Geld für eine angemessene Beerdigung freizugeben. Wenn es mit der Bank ganz unkooperativ läuft, kann es sogar erforderlich sein, dass die Angehörigen erst einmal eigenes Geld vorstrecken müssen.

Menschen, die plötzlich und unerwartet, beispielsweise durch einen Unfall, aus dem Leben gerissen wurden, besitzen häufig Lebensversicherungen. Viele alte Menschen verfügen über eine Sterbeversicherung. Versierte Bestatter fragen danach und veranlassen die Hinterbliebenen, die Papiere des Verstorbenen sorgfältig durchzusehen. Wenn die Sterbeurkunde und die Versicherungspolice an den Versicherer geschickt wurden, dauert es durchschnittlich 14 Tage, bis das Geld auf dem Konto ist. Empfänger ist stets derjenige, der als bezugsberechtigt im Versicherungsvertrag genannt ist, ansonsten fließt das Geld in den Nachlass. Was es leider seit 2004 nicht mehr gibt: das Sterbegeld aus der gesetzlichen Krankenversicherung.

Mit dem Tod eines Menschen enden sämtliche abgeschlossene Verträge. Der Tod ist ein Kündigungsgrund, den selbst hartnäckigste Geschäftspartner akzeptieren müssen. Zeitungs-, Zeitschriften- oder Theaterabonnements finden ihr Ende, ebenso Versicherungen und Vereinsmitgliedschaften. Angehörigen ist dringend zu empfehlen, die Papiere des Verstorbenen und die Abbuchungen vom Konto auf solche Daueraufträge hin zu prüfen und diese zu kündigen.

Ein Sonderfall ist der Mietvertrag. Haben beide Ehepartner einen Mietvertrag unterschrieben, dann hat der Tod eines Ehepartners keinen Einfluss und keine Folgen. Mitunterzeichner eines Mietvertrages setzen den Vertrag fort. Beim Tod eines allein lebenden Menschen sollten sich die Angehörigen unverzüglich mit dem Vermieter in Verbindung setzen. Sie können in jedem Fall den Mietvertrag mit einer Frist von drei Monaten kündigen.

Angehörige sollten kritisch prüfen, ob sie selbst dazu in der Lage sind, eine Beerdigung zu organisieren oder ob sie sich helfen lassen wollen. In dieser ungewohnten und belastenden Situation greifen die Angehörigen fast ausnahmslos auf den Service eines professionellen Bestattungsunternehmens[2] zurück.

Serviceleistungen wie Terminabsprachen, Behördengänge und Büroarbeiten werden von den Bestattern natürlich in Rechnung gestellt. Ratsam ist es in jedem Fall, sich einen Kostenvoranschlag für die Beerdigung mit Alternativen für

2. www.bestatter.de

preiswertere oder kostspieligere Gestaltung aufstellen zu lassen. Besitzt die Familie bereits eine Familiengruft, ist die Sache klar, ansonsten stellt sich die Frage: Wo und wie soll der Verstorbene seine letzte Ruhe finden? Auf welchem Friedhof, im Sarg oder in einer Urne? Bei Erdbestattungen können sich Angehörige einen von mehreren Plätzen aussuchen. Stirbt ein Ehepartner, entscheidet sich der Hinterbliebene meist für ein Doppelgrab, in dem auch er später beerdigt werden möchte.

Die Zahl der Feuerbestattungen nimmt zu. Der Grund dafür: Urnengräber sind preiswerter und pflegeleichter. Vielfach sind Hinterbliebene bereits selbst im Rentenalter und möchten sich eine aufwändige Grabpflege nicht mehr zumuten. Auch für Angehörige, die weit entfernt wohnen und sich deshalb nicht selbst um das Grab kümmern können, ist ein Urnengrab eine praktische Alternative. Wer für die Dauer des Nutzungsrechtes einer Grabstätte einen Friedhofsgärtner beauftragt, muss sich über die anfallenden Kosten im Klaren sein.

War durch den Verstorbenen oder ist nunmehr entschieden, ob der Tote beerdigt oder eingeäschert werden soll, geht es um eine zügige Terminabsprache. Es ist die Aufgabe des Bestatters, die Termine zu koordinieren. Kommen Trauergäste von weit her, ist es ratsam, einen Termin am späten Vormittag oder am frühen Nachmittag zu wählen, weil sonst eine Anreise kaum zu schaffen ist.

Vor dem Versand der Trauerbriefe muss sich die Familie darüber einig sein, ob im Anschluss an die Beerdigung zum Kaffee geladen werden soll und wo das stattfinden soll. Es ist gerade im Winter sehr angenehm und tröstlich, irgendwo einzukehren, Kaffee oder eine Suppe und belegte Brötchen und Kuchen gereicht zu bekommen und sich noch einmal mit allen Trauergästen unterhalten zu können.

Für den Text von Todesanzeigen liefern Ihnen Bestatter zahlreiche Anregungen. Diejenigen, die zum »*Leichenschmaus*« geladen werden sollen, erhalten mit dem Trauerbrief ein Hinweiskärtchen, wo sich die Trauergäste nach der Beerdigung einfinden mögen. Bereits in der Anzeige können Sie formulieren, ob zu Gunsten einer Spende für karitative Zwecke auf Kränze oder Blumengebinde verzichtet werden soll.

Stirbt ein Mensch in den eigenen vier Wänden, reagieren Angehörige ganz unterschiedlich. Der Rat, nicht kopflos, sondern überlegt zu handeln, ist nicht immer leicht einzuhalten.

Wenn zum Todeszeitpunkt kein Arzt anwesend sein sollte, rufen Sie Ihren Hausarzt oder einen Notarzt. Seine Aufgabe ist es, die Todesursache festzustellen und den Totenschein auszufüllen. Danach muss die Überführung in die Trauerhalle veranlasst werden. Das muss nicht sofort sein. Die Familie kann in Ruhe in der Wohnung vom Verstorbenen Abschied nehmen, bevor der Tote vom Bestatter abgeholt und zur Trauerhalle überführt wird. Stirbt ein Angehöriger in einer Klinik oder in einem Krankenhaus, bleibt in aller Regel für die Angehörigen Zeit, in Würde Abschied zu nehmen.

Falls Sie gedrängt werden, wehren Sie sich. Lassen Sie sich nicht gegen Ihre Gefühle zur Eile bewegen! Ein Krankenhausbetrieb bricht nicht zusammen, wenn ein Verstorbener nicht gleich in die Trauerhalle kommt. Und die Interessen eines Krankenhauses – das Zimmer noch putzen und für den nächsten Patienten herrichten zu lassen – sind Ihrem Interesse an einem würdevollen, ungestörten Abschied ohne Zeitdruck nachzuordnen.

3. Trauerfeier, Trauergespräch, Trauerrede, Nachruf

Einzigartig ist ein Menschenleben, einzigartig sollte auch der Abschied sein.

Auf Grund dieser Überzeugung plante jemand aus unserem Freundeskreis seine eigene **Trauerfeier.** Er hatte Lieder und Texte ausgesucht, z. B. »Maria, breit' den Mantel aus«, er hatte sich einen Choral gewünscht, den der Kirchenchor zu seiner Abschiedsfeier singen sollte. Er hatte Hinweise gegeben, in welchem Rahmen alles stattfinden, insbesondere, was die **Trauerrede** beinhalten sollte. Er, der sein ganzes Leben stets geplant hatte, wollte auch seinen »Abschied vom Leben« nicht dem Zufall überlassen, sondern selbst gestalten. Danke wollte er allen sagen, die ihn in seinem Leben einige oder auch viele Schritte begleitet hatten. Besonderen Dank wollte er namentlich denen überbringen, die immer für ihn und seine Familie da gewesen waren und ein Leben lang treu zu ihm gestanden hatten.

Der Beginn eines neuen Lebensabschnitts beginnt nicht selten mit einer Feier. Für den gläubigen Christen folgt nach dem Tod der Übergang in ein neues Leben.

»Wer an mich glaubt, wird leben, auch wenn er stirbt.« (Johannes 11,25).

Das ist die eigentliche Begründung für eine Trauer-*Feier* und erklärt auch, warum z. B. die Schwarzen in New Orleans den Verstorbenen mit einem Freudenfest, mit Straßenumzügen und Jazz-Musik ehren.

Johannes L. berichtet, wie *er* die Trauerfeier für seinen Vater vorbereitete:

»Als mein Vater nach langer Krankheit verstarb, war sein Tod nicht unerwartet. Ich hatte eine lange Zeit, mich darauf vorzubereiten. Und trotzdem hat mich der Moment zutiefst berührt und betroffen gemacht. In dieser Situation ist es sicherlich nicht leicht gewesen, sich auf das Vorbereiten einer Trauerfeier zu konzentrieren. Trotzdem wollte ich eine persönliche Trauerfeier für meinen Vater.
Nach dem Tod eines Angehörigen führt der erste Weg normalerweise zur Bestattung. Ich hatte das Gefühl, dort von den vielen Entscheidungen, die man in relativ kurzer Zeit zu treffen hat, überfahren zu werden. Ich wollte mir die Feier nicht aus der Hand nehmen lassen. Dann suchte ich das Gespräch mit unserem Pfarrer, der mir hilfreich zur Seite stand und mit mir die Möglichkeiten der Gestaltung besprochen hat. Nun ging es an die Arbeit, die für mich zur Trauerarbeit wurde, vor allem beim Stöbern in Fotoalben, im Gespräch mit Freunden und Verwandten, beim Lesen von Briefen und Notizen, beim Verfassen von Texten. Nicht selten musste ich unterbrechen, weil ich wegen der nassen Augen nicht mehr sehen konnte. Trotz des Schmerzes war diese Erfahrung für mich sehr wichtig, ich möchte sie nicht missen. Ich konnte so den Verlust verarbeiten – im Vertrauen auf Jesus Christus und seine Auferstehung.«

Es ist nicht leicht, einen lieben Menschen zu verlieren. Aber es ist wichtig, sich damit auseinanderzusetzen. Ich will Ihnen Mut zusprechen, im Fall des Falles ebenso eine Trauerfeier vorzubereiten wie Johannes L., gerade dann, wenn Sie in Untröstlichkeit zu erstarren drohen. Ein Teil der Trauerarbeit, die dabei abgeleistet wird, hilft auch die Beziehung zum eigenen Tod zu klären. Und immer dann, wenn es dabei ein flaues Gefühl gibt, ist es gut, sich Gott anzuvertrauen. Ich singe in solchen Situationen immer das Lied:

»Wer nur den lieben Gott lässt walten
und auf ihn hoffet allezeit,
den wird er wunderbar erhalten
in aller Not und Traurigkeit.
Wer Gott, dem Allerhöchsten, traut,
der hat auf keinen Sand gebaut.«

Zu den schwierigen Gesprächen im Trauerfall gehört das **Trauergespräch** mit der Pfarrerin oder dem Pfarrer. Viele Angehörige können in dieser Situation kaum einen klaren Gedanken fassen. Zu dicht und zu unwirklich ist die ganze Situation. Andererseits hängt vom Trauergespräch sehr viel ab. Drücken Sie *Ihre Erwartungen* gegenüber Ihrer Pfarrerin oder Ihrem Pfarrer aus. Um darauf einzugehen, dazu ist sie oder er da. Falls die Pastorin oder der Pastor die Verstorbene oder den Verstorbenen nicht kennt, ist das Trauergespräch die einzige Möglichkeit, um sich ein Bild zu machen.

Eine **Trauerrede** wirkt unecht, wenn sie eine Laudatio auf den Verstorbenen ist. Eine Trauerrede ist dann gut, wenn sie ausgewogen ist und nichts beschönigt oder überzeichnet. Die oder der Verstorbene soll nachträglich nicht zu einem besseren Menschen gemacht werden, als er zu Lebzeiten von anderen wahrgenommen wurde.

Um das Leben und die Lebensleistungen des Verstorbenen zu würdigen, werden auch **Nachrufe** geschrieben. Die meisten davon stehen in der Zeitung und sind dienst- oder berufsbezogene Nachrufe auf einen verstorbenen Mitarbeiter. Ist es nicht die Einzigartigkeit eines jeden Menschenlebens wert, mit einem Nachruf gewürdigt zu werden? Das können wenige Sätze sein, die den Charakter des Verstorbenen in Form eines Kurzporträts nachzeichnen und die Trauer darüber ausdrücken, dass dieser Mensch, den es nun nicht mehr gibt, eine schmerzliche Lücke im Leben derer hinterlässt, die ihn liebten.

Menschen, die auch ihren Abgang von der Bühne des Lebens nicht dem Zufall überlassen wollen, verfassen gern schon zu Lebzeiten ihren eigenen Nachruf. Das hört sich vielleicht zunächst makaber an, aber: Haben nicht die meisten Menschen auch eine Lebensversicherung abgeschlossen, ein Testament verfasst, evtl. ihr Vermögen aus steuerlichen Gründen schon zu Lebzeiten weitergegeben, mit ihren Angehörigen schon darüber gesprochen, wie und wo sie bestattet werden möchten und evtl. auch finanzielle Vorsorge für die Beisetzung getroffen? Und viele Menschen haben ihr Grab und den Grabstein schon gekauft, sowie den Grabpflegebetrieb für viele Jahre im Voraus bezahlt. Liegt es bei so viel Vorsorge nicht nahe, auch über den eigenen Nachruf nachzudenken?

4. Formen der Beerdigung

Ägypter und Römer wären nie auf die Idee gekommen, Verstorbene ohne **Grabbeigaben** auf die letzte Reise zu schicken. Im Grab eines Bogenschützen in Stonehenge, das aus dem Jahre 2300 v. Chr. stammt, wurden rund 100 Gegenstände gefunden[3]. Darunter waren goldene Haarspangen, Kupfermesser, Pfeilspitzen und Töpferware. In einem Grab aus der Eisenzeit wurde ein Mädchen mit einem Knochenkamm, Amuletten aus Muscheln und Glasperlen, sowie einer eisernen Schere bestattet. *Grabbeigaben sind Zeugen der Zeit*, sie spiegeln den Totenkult, den Glauben, oder auch Aberglauben, das Leben und seine Bedingungen, sowie die Entwicklung der Gesellschaft wider.

Wenn unsere Vorfahren so mit Tod umgegangen wären, wie wir heute, würden wir viel weniger über ihre Kultur wissen. Was werden in 500 Jahren unsere Gräber über uns aussagen?

»Als meine Mutter gestorben ist, sie war eine alte Bäuerin, da haben wir ihr erst einmal die Sachen angezogen, die ihr wichtig waren. Dann haben wir ihr Daunenoberbett in den Sarg gelegt und all' die Dinge mitgegeben, die ihr etwas bedeutet und ihr Freude gemacht haben. Meine Mutter hatte einen »grünen Daumen«. Sie brauchte nur einen Stock in die Erde zu stecken und schon begann er zu blühen. Also haben wir ihre alle Blumen des Bauerngartens mitgegeben, aber nicht nur die Blumen, sondern auch die dazugehörigen Samentütchen mit der Beschrei-

3. www.wikipedia.org/wiki/Bogenschütze_von_Amesbury

bung des Samens, ihr Gartenhäckchen, ihre Gartenzeitung und ihre Gartenschürze. Und meine Mutter aß gerne Shrimps-Salat, und so bin ich am letzten Tage noch mal hingegangen und habe ihr in den Sarg eine Portion Shrimps-Salat gelegt.«

Aus: www.pflegenet.de (Pflegepädagogik, Mit Grabbeigaben auf die letzte Reise, Fritz Roth, März 2004)

Die Auswahl der Grabbeigaben und das Hineinlegen dieser letzten Geschenke in den Sarg ermöglichen einen ganz besonderen Umgang mit Trauer. Man bekommt so die Chance, noch mal darüber nachzudenken, was im Leben des Verstorbenen wichtig war.

Die Symbole dafür werden in den Sarg gelegt – das können ganz einfache Dinge sein. Trauer bedeutet auch, sich selbst den Unterschied zwischen Tod und Leben klarzumachen, zu erfahren, was es heißt, zu leben und zu akzeptieren, dass unser Leben begrenzt ist und dass es deshalb etwas sehr Kostbares ist.

Im aktuellen Trauerfall kommen aber noch weit mehr Fragen und Entscheidungen auf Hinterbliebene zu und das zu einer Zeit, in der sie sich selbst im Ausnahmezustand befinden. Hilfreich ist es dann, wenn der Verstorbene selbst eine Willenserklärung schriftlich hinterlassen hat. Falls das nicht der Fall ist, sollte im *Sinne* des Verstorbenen verfahren werden. Wie der Verstorbene es wohl am liebsten gehabt hätte, wissen die nächsten Angehörigen am besten. Im Laufe eines Lebens und der Teilnahme an verschiedenen Beerdigungen haben sich Menschen sicherlich schon mal darüber geäußert, was sie wohl gern hätten, was sie gut finden und auch, was sie in jedem Fall ablehnen. Hat der Verstorbene eine formgerechte Willenserklärung über die **Bestattungsart** hinterlassen, so sollten sich die Angehörigen daran halten. Die Frage nach der Bestattungsart ist die erste, mit der sich Hinterbliebene auseinanderzusetzen haben.

Die Form der *Erdbestattung* hat sich bis heute nur wenig verändert und ist prozentual gesehen immer noch die häufigste Bestattungsart. Bei einer Erdbestattung wird in der Regel der Sarg in einer Friedhofskapelle aufgebahrt. Dort findet auch die Trauerfeier mit der Familie, den Freunden und Bekannten des Verstorbenen statt. Nach dieser Feier folgt die Trauergemeinde dem Sarg bis zum Grab und nimmt dort noch einmal Abschied. Meist laden die Angehörigen oder ein beauftragter Freund die Trauergäste und den Pastor oder den Trauerredner zu einer kleinen Zusammenkunft im Trauerhaus oder in einer Gaststätte ein.

Bei der Wahl des Grabes kann man sich entscheiden zwischen Familiengruft oder Reihengrab. Bei der Familiengruft können Lage und Größe ausgesucht werden. Beim Reihengrab ist dies nicht möglich. Der Erwerb des Nutzungsrechtes an einer Wahlgrabstätte ist auf einen bestimmten Zeitraum begrenzt, kann jedoch verlängert werden. In der Regel muss das Nutzungsrecht schon dann verlängert werden, wenn in einer Familiengrabstätte eine weitere Bestattung erfolgt. Die Ruhefrist kann je nach den Bodenverhältnissen zwischen 15 und 30 Jahren betragen.

Für eine *Einäscherung oder Feuerbestattung* eines Verstorbenen mit einem Sarg und die spätere Beisetzung der Aschenreste in einer Urne ist eine besondere Vereinbarung erforderlich. Entweder hat der Verstorbene eine handschriftliche Willensbekundung mit dem entsprechenden Inhalt hinterlassen oder aber die Angehörigen geben eine sinngemäße Erklärung ab. Bei der Feuerbestattung findet selten der Gang zum Grab statt. Meistens versammeln sich die Trauergäste am Sarg in einer Kapelle oder Trauerhalle.

Die Seebestattung wird häufig von Menschen gewünscht, die eine besondere Beziehung zum Meer haben. Allerdings muss dafür eine schriftliche Willenserklärung des Verstorbenen vorliegen. Wollen die Angehörigen eine Seebestattung durchführen, so müssen sie dies begründen. Der Bestatter übergibt einer erfahrenen Reederei die Urne. Die versenkt die Urne außerhalb der Dreimeilenzone nach einer kurzen Gedenkfeier im Meer. Es gibt auch die Variante, dass die Asche eines Verstorbenen verstreut wird. Angehörige haben die Möglichkeit, an der Seebestattung teilzunehmen. Zum Gedenken erhalten die Hinterbliebenen einen Seekartenausschnitt mit der genauen Bestattungsposition und einem Logbuchauszug. Angeboten werden Seebestattungen auf der Nord- und Ostsee.

Die *anonyme Bestattung* unter den »grünen Rasen«, d. h. auf einem Gemeinschaftsfeld, wird immer häufiger gewünscht. Viele Menschen haben oft niemanden mehr, der für die Grabpflege in Frage käme und Menschen ohne Angehörige fragen sich, wozu sie ein Grab haben sollten, wenn niemand da ist, der zum Ort der Trauer hingehen könnte. Selbst immer mehr Menschen, die zwar Kinder haben, die aber weit verstreut, manchmal sogar im Ausland oder auf einem anderen Kontinent leben, entscheiden sich für ein anonymes Grab, weil sie ihren Kindern nicht die Belastung und die Kosten einer Grabpflege zumuten wollen.

Die letzte Ruhe *unter Bäumen in Friedwäldern* ist eine neue Bestattungsart in freier Natur, die sich immer größerer Beliebtheit erfreut. Seine letzte Ruhe einmal unter hohen Eichen oder Buchen inmitten der freien Natur zu finden, das könnte eine schöne Vorstellung für so manchen Naturliebhaber sein. Ganz abwegig ist diese Vorstellung nicht, denn wie so vieles heute, befindet sich auch die traditionelle Friedhofskultur im Umbruch. In der Schweiz gibt es so genannte Friedwälder schon seit Jahren und auch in Bayern könnte es bald die Bestattung unter Spessarteichen geben. Der erste Friedwald Deutschlands liegt im nordhessischen Reinhardswald[4] bei Kassel. Hier gibt es keine Grabsteine, Kränze oder Kerzen. Wenn die herbstlichen Blätter der mächtigen, 200 Jahre alten Eichen fallen, werden sie selbst zum Grabschmuck. Die Asche der Verstorbenen wird am Fuß der Bäume vergraben, in einer Urne aus Karton oder aus Maisstärke. Spätestens nach drei Monaten hat sie sich aufgelöst und die Natur übernimmt die weitere Grabpflege. Ein Familiengrab für bis zu zehn Verstorbene gibt es ab 3.350,00 Euro. Wer es lieber etwas exklusiver möchte, muss dagegen mit 5.000,00 Euro und mehr rechnen. Der jeweilige Baum wird im Grundbuch registriert und dient bis zu

4. www.3sat.de/nano/cstuecke/38992/

99 Jahre als Grabstätte. Noch gibt es hierzulande erst zwei Friedwälder, willkommen sind sie nicht in jeder Gemeinde. Insgesamt aber ist die Resonanz aus der Bevölkerung sehr groß.

5. Das letzte Geleit

»Queen Mum« wurde in London mit allen Ehren zum Palast von Westminster geleitet. Hinter der Geschützlafette mit dem Sarg gingen die Royals: Prinz Charles und seine Söhne William und Harry, Prinz Philip und die Enkel der Verstorbenen, Anne, Andrew und Edward. Mehrere hunderttausend Menschen säumten an diesem sonnigen Tag die Straßen. Die Zeremonie wurde vom Fernsehen in alle Welt übertragen. Auch als die niederländische Königinmutter Juliana verstarb, wurde ihr zu Ehren ein Trauerzug organisiert, der bis nach Delft in die 400 Jahre alte Krypta der Familie führte. Auch in Holland nahmen Hunderttausende auf der Straße von der ehemaligen Königin Abschied.

Weniger prunkvoll aber mit genauso großer Anteilnahme wurden früher auch die »Normalsterblichen« in Trauerzügen durch Dörfer und Städte getragen. Nicht nur Familienangehörige, Freunde und Nachbarn reihten sich ein. Es war Sitte, dass aus jedem Haus und jeder Familie jemand sich dem Trauerzug anschloss. So erreichten auch die bürgerlichen Trauerzüge eine stattliche Länge.

Als vor einigen Jahren mein Vater im Sauerland zu Grabe getragen wurde, war das ganze Dorf auf den Beinen. Fahnen- und Standartenträger des Schützenvereins schritten den Sargträgern voraus. Hinter dem Sarg ging unsere Familie und die nächsten Angehörigen: Meine Mutter, meine Schwestern und ich mit Familie, der Bruder meines Vaters und dessen Frau, Cousinen und Cousins meines Vaters, Freunde, Nachbarn und Bekannte und dann viele Leute des

Dorfes, die sich frei machen konnten. Insgesamt waren 120 Trauergäste zum Beerdigungskaffee geladen.

Mein Vater war zu Hause, im Kreise der Familie, gestorben. Und so bewegte sich der Trauerzug von der Kirche zur Leichenhalle, von wo aus die Beerdigungsprozession zum Friedhof führte. Es war im April und das Wetter machte seinem Namen Ehre. Mal schien die Sonne, mal verfinsterte sich der Himmel und in stürmischen Böen schneite und hagelte es. Mein Vater schien sich im Sturmgebraus und extremen Witterungsverhältnissen von dieser Welt verabschieden zu wollen. Den Trauergästen war es kaum möglich, die Schirme gegen den Sturm in die richtige Richtung zu halten. Der Schützenverein spielte »Ich hat einen Kameraden« …, was vor allen den Älteren Tränen in die Augen trieb. Trotz der widrigen Witterungsverhältnisse war Papas »Abgang« schön und würdig zelebriert.

Trauerzüge sind heute fast nur noch bei gekrönten Häuptern üblich. Ansonsten wurde der Tod aus unserem Stadtbild verdrängt.

Einst wurden die Verstorbenen in und rund um die Kirchen bestattet – in der Mitte des gemeinschaftlichen Lebens. Das ist auch heute noch auf dem Lande in Bayern, Österreich und Südtirol so. Die Friedhöfe sind um die Kirchen herum angelegt und Angehörige können die Gräber ihrer Verstorbenen regelmäßig bei jedem Kirchgang vor- oder nachher besuchen, mit frischen Blumen schmücken oder mit Weihwasser segnen.

Im 19. Jahrhundert wurden die Friedhöfe an die Ränder der Städte verlegt. Aufgrund der zunehmenden Entfernung von Trauerhaus und Friedhof einerseits und der Tatsache, dass immer weniger Menschen zu Hause sterben, ist die gute alte Tradition des Leichenzuges in den letzten Jahren immer mehr eingeschlafen. Schließlich reduzierte sich mit der Einführung der Leichenhäuser als Aufbewahrungsort der Toten der Leichenzug auf den Weg von der Friedhofshalle zum Grab.

Dadurch ist uns ein lebendiges Stück Trauerkultur verloren gegangen. Wenn im alltäglichen Leben der Tod nicht mehr erfahrbar ist, fällt es schwer, mit ihm natürlich umzugehen.

Es gibt sehr unterschiedliche Vorstellungen über ein Leben nach dem Tod und die Rituale, mit denen die Verstorbenen ins Jenseits geleitet werden. Doch überall wird den Toten die letzte Ehre erwiesen. *Bei allen Beerdigungspraktiken handelt es sich um die Ehrerbietung gegenüber den Toten.* Der Tod ist immer Teil einer Kultur und jede Kultur hat eigene Riten. Die Beerdigungsriten haben im Allgemeinen zwei soziale Aufgaben. Sie dienen dazu, den Verstorbenen einen Übergang in das Jenseits zu ermöglichen, und helfen den Lebenden, den Tod von Angehörigen zu verarbeiten.

Häufig ist es so, dass beim Trauerzug von der Kirche zum Friedhof eine öffentliche Straße benutzt werden muss. Ich beobachte immer wieder, dass einige Autofahrer den Motor abschalten und diskret und in respektvoller Entfernung anhalten. Leider sind das Ausnahmen. Die Mehrzahl hat nicht zwei oder drei Minuten Zeit zu warten und schlimmer noch, kein Gespür dafür, was Tod und Trauer bedeuten. Da wird ein Mensch zu Grabe getragen, jemand, der unter uns gelebt hat, vielleicht jung, vielleicht hat er eine schwere Krankheit ertragen und ein hartes Leben gehabt, vielleicht hat er sich engagiert für Menschen dieses Ortes, wer weiß? Wie auch immer, auf jeden Fall hat er Ruhe, Achtung und Würde auf seinem letzten Weg verdient. Begleitet wird er von Menschen, die ihn kannten, ihn gern hatten, die traurig sind über den Verlust. Sollte man ihnen nicht auch Respekt, Verständnis und Mitgefühl entgegenbringen und sie ungestört diesen Weg gehen lassen?

Besonders unwürdig empfand ich einmal das Ertönen des »Türkischen Marsches« am offenen Grab. Der Angerufene hatte vergessen, sein Handy abzuschalten. Peinlich dürfte es auch für denjenigen gewesen sein, aus dessen Anzugtasche diese Musik ertönte, weil alle Blicke sich spontan auf ihn richteten.

Wem das feine Empfinden für den richtigen Ton, die richtige Zeit, den guten Geschmack, für Takt und Anstand abhanden gekommen ist oder diese Dinge nie kennen gelernt hat, der versteht sie nicht, die Kunst der Unterscheidung. Aber genau darauf kommt es an, darauf baut sich unser gesamtes Wertesystem auf. Schwingungen des Herzens statt Ellebogen, menschliches Miteinander statt Börsenwerte, Aufmerksamkeit und Rücksichtnahme statt Verletzungen könnten wieder dafür sorgen zu zeigen, dass wir Menschen sind und dass es genau diese kleinen Dinge sind, die unsere Kultur ausmachen, die zeigen, dass wir Stil, Niveau, Sensibilität und Herzensbildung haben. Und gerade beim letzten Geleit eines Menschen, dem zum letzten Mal Ehre und Respekt erwiesen wird, sollte Empathie eine Selbstverständlichkeit sein.

6. Grabstätte und Grabstein

Der Grabstein markiert den Platz, an dem ein Mensch bestattet wurde. Das Grab ist eine Erinnerungsstätte an ihn. Weil ein Grabstein eine lange Lebensdauer hat und an einem öffentlichen Ort steht, sind wohldurchdachte Texte wichtig. In Bayern und Österreich gibt es gelegentlich Inschriften, die zum Schmunzeln anregen. Sie ermöglichen fast eine Charakterisierung des Verstorbenen, allerdings auf humorvolle Art. In unseren Breiten ist man diesbezüglich sachlicher. Hier ein paar Beispiele aus Österreich:

Grabsteininschriften aus Österreich

Hier liegt der Messner Krug,
der Kinder, Weib und Orgel schlug.
(Grab des Lehrers und Organisten)

In der Wutachschlucht im Schwarzwald erinnert eine Gedenktafel:

Im Leben war er recht,
er stand in Bachheim als Knecht,
bis er hier vom Felsen stürzte
und so das Leben sich verkürzte.

Manche Inschriften sind auch ziemlich grob, aber wohl auch nicht bös gemeint:

Wand'rer, steh und weine,
hier liegen meine Gebeine,
ich wollt, es wären deine.

Anschaulich ist auch folgende »liebenswürdige« Inschrift:

Hier ruht im stillen grünen Hain,
mein sel'ger Mann, der Förster Stein;
das Trinken ließ er nimmer sein:
Er starb, Gott mög' es ihm verzeih'n,
aus reiner Lieb' zum Branntewein.

Auch hinterbliebene Männer machten sich manchmal auf Grabsteinen Luft:

Hier liegt begraben mein Weib, Gott sei Dank.
Sie hat ewig mit mir gezankt.
Drum, lieber Leser, geh von hier,
sonst steht sie auf und zankt mit dir.

Wem diese Art von Grabinschriften nicht behagt, möge einige Gesichtspunkte beachten, bevor *»Botschaften«* für immer und ewig in Stein gemeißelt werden:

Ein Grabstein muss vor allem den Namen des Toten erwähnen, Geburts- und Sterbedaten, zumindest das Geburts- und Sterbejahr. Titel und Berufsangaben reduzieren das Leben des Verstorbenen auf seine Tätigkeit. Weitere Zusätze sollten gut überlegt sein. Grabsteintexte überdauern lange Zeit, weshalb sie nicht Ergebnis augenblicklicher Stimmungen sein sollten. Positive Botschaften verlieren allerdings ihren Sinn nie. Sinnsprüche halten sowohl Bestatter wie auch Steinmetze bereit. Grundsätzlich können alle Texte, die dem Verstorbenen etwas bedeutet haben, verwendet werden. Sie können über das Leben des Verstorbenen, über seinen Tod hinaus, etwas aussagen.

Trauerwege sind individuell – Hilfen für Trauernde

1. Eltern trauern um ihr Kind

Eltern trauern gemeinsam

20.000 Kinder und junge Erwachsene sterben jährlich[5]. 20.000 Katastrophen – Jahr für Jahr. Kinder sterben durch Krankheiten, Unfälle, Morde oder scheiden aus dem Leben, an dem sie verzweifeln. Zurück bleiben Väter, Mütter, Geschwister, Familien, die in den Grundfesten ihres Seins, ihrer Persönlichkeit und ihrer sozialen Bezüge erschüttert werden. Persönlichkeit und Familienstruktur geraten aus dem Gleichgewicht und müssen neu gefunden werden. Der Tod eines Kindes bedeutet Familienkrise – und zwar langfristig, oft sogar lebenslang.

Trauernde sind »seelisch Schwerverletzte«. Sie brauchen Hilfe und Unterstützung.

Der Tod eines jeden Kindes überwältigt die Eltern, ganz egal was die ***Todesursache oder das Alter des Kindes*** war. Kinder können vor, bei oder kurz nach der Geburt sterben oder später in jungen Jahren oder als Erwachsene durch eine Krankheit oder einen Unfall. Manches Kind beendet sein Leben durch Selbstmord oder wird Opfer einer Gewalttat.

Elterliche Trauer ist sehr intensiv, komplex und kann lange dauern. Die Trauer und der Heilungsprozess ist für alle trauernden Eltern ein schwerer Weg.

5. www.veid.de/stern02.0.html

Eltern fühlen sich nach dem Tod eines *erwachsenen* Kindes oft in ihrer Trauer besonders einsam und unverstanden, weil ihr Kummer nicht anerkannt wird. Wenn das erwachsene Kind aufgrund eines Unfalls oder einer Krankheit stirbt, wird den Eltern oft gesagt, dass sie doch dankbar sein sollten, ihr Kind so lange gehabt zu haben oder es wird auf ein weiteres Kind verwiesen: »*Du hast doch noch die/den …!*« – alles untaugliche Versuche zu trösten.

Besonders schwer wiegt der Verlust eines erwachsenen Kindes nach schwierigen Zeiten des Loslösens aus der Familie und wenn die Beziehung gerade auf dem Weg der Besserung war. Dann kann es sein, dass Eltern sich um die Früchte dieser harten Arbeit betrogen fühlen. Oft hinterlassen dann die Ablösungskämpfe mit all den gegenseitigen Verletzungen großes Bedauern, begleitet von Schuldgefühlen und Reue.

Die meisten trauernden Eltern spüren ein tiefes, unabweisbares Schuldgefühl, weil sie, anders als es natürlich ist, länger leben dürfen als ihr Kind.

Wenn ein erwachsenes Kind aufgrund von Suizid, Drogenmissbrauch, AIDS, Trunkenheit am Steuer oder anderer, gesellschaftlich stigmatisierter Ursachen stirbt, fühlen sich Eltern oft schuldig, nicht genug gegen die verhängnisvolle Entwicklung ihres Kindes getan zu haben. Immer wieder fragen sie sich, was sie hätten anders machen können, um die Situation zu verhindern, die den Tod des Kindes verursacht hat. Die Selbstzweifel bleiben auch dann, wenn ihnen von außen, objektiv, versichert wird, dass sie nichts unversucht gelassen haben, um ihrem Kind zu helfen.

Viele Eltern glauben nach dem Verlust eines erwachsenen Kindes, dass es nun nichts mehr gibt, für das es sich noch zu leben lohnt. Eine der schwierigsten Aufgaben besteht für sie darin, wieder einen neuen Mittelpunkt in ihrem Leben zu finden.

Angela:

»Mathias, unser 23-jähriger Sohn, war ein lustiger, aufgeschlossener und allseits beliebter Junge, bis er in der Oberstufe des Gymnasiums in schlechte Gesellschaft geriet und mit Drogen in Berührung kam. Er veränderte seine Persönlichkeit, wurde gereizt, zynisch und eigenartig. Nachdem sich seine Freundin von ihm getrennt hatte, wurde er auch noch eigenbrötlerisch und einzelgängerisch.
Eines Tages stürzte er sich vom Dach eines mehrstöckigen Gebäudes. Mein Mann fand einen depressiven Abschiedsbrief in seinem Appartement. Mathias überlebte schwerstverletzt, verbrachte ein halbes Jahr im Krankenhaus, wo er unzählige Operationen über sich ergehen lassen musste und im Rollstuhl in eine Reha eingewiesen wurde. Für uns, meinen Mann und mich, war das alles ein Schock, eine Tortur, Leid und Trauer und Hoffen und Bangen bei jeder OP. Wir haben alles für unser einziges Kind getan und waren immer für ihn da, bis er nach über einem Jahr auf eigenen Wunsch nach Hause entlassen werden konnte. Dank Reha und Krankengymnastik konnte er auch langsam wieder aufstehen. Wegen seiner Depressionen war Mathias weiter in psychologischer und medikamentöser Therapie.
Fünf Wochen, nachdem er wieder zu Hause war, nahm sich Mathias mit einer Überdosis Psychopharmaka das Leben. In den Verlust um unseren Sohn mischt sich der Gedanke, dass alles Bemühen, Hoffen und Bangen, umsonst war. Auf der anderen Seite haben mein Mann und ich Schuldgefühle, weil unser Sohn durch Freitod aus dem Leben gegangen ist. Wäre er uns durch

eine schwere Krankheit schicksalhaft genommen worden, hätten wir den Verlust besser überwinden können. Bei nicht natürlicher Todesursache fühlt man sich irgendwie stigmatisiert. Es treffen uns eigenartige Blicke, viele Menschen weichen uns aus, andere stellen uns unsensible, vorwurfsvolle Fragen. Man vermittelt uns das Gefühl, versagt zu haben. Alle scheinen es besser zu wissen, was man hätte tun können, um diese Katastrophe zu vermeiden. Das macht unsere Situation noch schwerer.«

Das hilft Eltern in Trauer

- *Sprechen Sie über Ihr Kind:* Für viele Mütter ist es wichtig, immer wieder von ihrem verstorbenen Kind reden zu können. Dabei können sie auf Menschen treffen, die das nicht ertragen können und sich deshalb zurückziehen.
- *Fangen Sie ein »Buch der Erinnerungen« an:* Sammeln Sie Fotos, die das Leben Ihres Kindes dokumentieren. Bringen Sie diese in eine Reihenfolge, so dass sie eine Geschichte erzählen. Dann können Sie andere Gegenstände hinzufügen: zum Beispiel Zeugnisse, Auszeichnungen, Erinnerungen an wichtige Momente. Heften Sie all dies in einen Ordner und heben es so auf, dass andere Leute es sich anschauen können. Wann immer Ihnen danach ist, schauen Sie es sich auch alleine an. Während Sie das tun, tauchen Sie in die Erinnerung ein.
- *Sagen Sie den Menschen, was Ihnen hilft und was nicht:* Menschen um Sie herum verstehen wahrscheinlich nicht, was Sie brauchen. Seien Sie ehrlich und sagen Sie, was Sie brauchen und was Sie nicht wollen. Menschen kön-

nen keine Gedanken lesen. Deswegen müssen Sie Ihre Gedanken mitteilen.

- *Tagebuch:* Schreiben Sie Ihre Gedanken und Gefühle auf. Schreiben Sie, wann immer Ihnen danach ist. Zensieren Sie nicht, was Sie schreiben – seien Sie einfach so ehrlich wie möglich. Später können Sie sich dann das Geschriebene durchlesen und feststellen, wie Sie sich verändern und auch schon verändert haben. Dann können Sie auch über diese Erfahrung schreiben. Heben sie alles mindestens ein Jahr lang auf.
- *Schreiben Sie an Ihr verstorbenes Kind*: Zum Beispiel Gedanken, die Sie am liebsten in dessen Gegenwart ausdrücken würden. Und wer weiß schon, ob unsere Verstorbenen nicht sogar auf irgendeine Weise anwesend sind? Heben Sie das Geschriebene in Ihrem Tagebuch auf oder auf Briefpapier oder auch auf dem Computer, ganz wie Sie wollen. Nach einiger Zeit werden Sie bemerken, dass das Bedürfnis, an den verstorbenen Menschen zu schreiben, nachlässt. Doch für einige Zeit kann es eine wahre Erleichterung sein, auf diese Weise eine Art Verbindung herzustellen.
- *Lassen Sie den Tag mit Ihrem verstorbenen Kind beginnen:* Binden Sie Ihr verstorbenes Kind in jeden neuen Tag ein. Betrachten Sie diese Zeit auf positive Art. Holen Sie sich schöne Erinnerungen ins Gedächtnis zurück. Erinnern Sie sich an Dinge, die Sie mit Ihrem Kind erlebt haben. Überlegen Sie sich, wie Sie den Tag verbringen könnten.
- *Sorgen Sie dafür, dass Sie Zeit für sich alleine haben:* Wichtig für die Trauerarbeit ist auch zu spüren, was in Ihrem Inneren vorgeht – Ihre Gedanken, Gefühle, Erinnerungen, Hoffnungen und Träume. Deswegen sollten Sie sich

die Möglichkeit geben, in sich selbst zu kehren und damit in Kontakt mit sich selbst zu kommen.

- *Wählen Sie Ihr Unterhaltungsprogramm sorgfältig aus*: Einige Fernsehprogramme und Kinofilme sollten Sie besser vermeiden, wenn Sie sich in tiefer Trauer befinden, das Gleiche gilt auch für Bücher. Wenn Sie sich nicht sicher sind, seien Sie lieber vorsichtig. Das ist besser, als wenn Sie sich ungewollt in einer Situation wiederfinden, die viele Gefühle hervorruft, mit denen Sie gar nicht umgehen können. Z. B. wenn Ihr Kind vor kurzem an Krebs gestorben ist, wäre es wahrscheinlich keine gute Idee, sich solch ein ähnliches Thema im Kino auf einer riesigen Leinwand anzuschauen.
- *Halten Sie Ihre Seele aktiv*: Machen Sie dies so, wie es Ihnen richtig erscheint. Einige Mütter meditieren, andere beten, noch andere verbringen etwas Zeit alleine in der Natur. Einige tun es gerne in Gesellschaft, andere lieber alleine. Viele Trauernde bekommen das Gefühl, dass wir alle, ob lebendig oder gestorben, auf spiritueller Ebene miteinander verbunden sind, was nicht leicht zu beschreiben ist. Achten Sie gerade während Ihrer Trauer besonders gut auf Ihre Seele.
- *Machen Sie die Veränderung in Ihrem Leben sichtbar:* Sobald Sie sich dazu bereitfühlen, sollten Sie einige Dinge in Ihrem Haus, in Ihrem Leben verändern, um diese bedeutende Veränderung deutlich zu machen. Stellen Sie Möbel im Zimmer Ihres verstorbenen Kindes um, geben Sie Gegenstände, die Sie nie wieder benutzen werden, weg. Das bedeutet nicht, dass alle Hinweise auf die verstorbene Person entfernt werden sollen, sondern dass Sie deren Zimmer oder Ihr Zuhause nicht wie einen Schrein be-

handeln sollten, der unter keinen Umständen verändert werden darf. Man darf die Äußerlichkeiten der neuen, veränderten Lebenssituation anpassen.

- *Lesen Sie darüber, wie andere Mütter mit dem Tod ihres Kindes umgegangen sind:* Es kann sein, dass für Sie Ihre eigene Trauer schwer genug ist, dass Sie vom Leid anderer Menschen nicht auch noch belastet werden möchten. Wenn Sie aber sehen möchten, wie andere mit so einer Situation umgegangen sind, kann es hilfreich sein, sich mit Trauersituationen anderer zu befassen.
- *Belohnen Sie sich*: Seien Sie nett zu sich selbst in Ihrer Trauer. Tun Sie Dinge für sich, die Sie wirklich genießen – vielleicht nach einem langen Tag oder wenn Sie sich gerade einsam fühlen. Laden Sie sich selbst auf ein Essen oder eine Delikatesse ein. Kaufen Sie sich Blumen. Tun Sie etwas Ungewöhnliches, das Sie glücklich macht. Genießen Sie diesen Moment, so gut Sie können.
- *Helfen Sie anderen*: Versuchen Sie ab und zu, Ihre eigenen Probleme in den Hintergrund zu stellen und widmen Sie Ihre Aufmerksamkeit anderen Menschen. Bieten Sie ein Geschenk oder einen Dienst an. Tun Sie dies für den anderen, aber genauso auch für sich selbst. Freuen Sie sich, dass Sie überhaupt wieder die Bedürfnisse anderer Menschen sehen können.
- *Schreiben Sie auf, was Sie durch Ihre Trauer gelernt haben*: Schauen Sie ab und zu auf das zurück, was genau Sie gelernt haben. Schreiben Sie es so einfach auf wie möglich – und lassen Sie sich von diesen neuen Erkenntnissen, den neuen Fähigkeiten durch den Alltag begleiten.

Viele Mütter haben nach dem Tod eines Kindes das Gefühl, verrückt zu werden. Es geschieht so viel in ihnen und um sie herum, was sie nicht verstehen. Das Leben ist plötzlich eine Achterbahn und man versteht sich und die Welt nicht mehr. Sie denken, fühlen und handeln auf eine Weise, die dem Außenstehenden möglicherweise völlig befremdlich und damit beängstigend erscheint.

Ein wenig kann es helfen, wenn man versteht, warum *was* mit einem geschieht – und dass *das* normal ist. Jeder trauert anders, jeder erlebt den Tod seines Kindes anders, jeder braucht seine eigene Zeit und jeder empfindet etwas anderes für sich als hilfreich.

Charlotte N. erzählt im Trauerseminar:

»Als mein Sohn Richard aufhörte zu atmen, war einer meiner ersten Gedanken: Es ist vollbracht. Er muss nicht mehr leiden und ich muss nie mehr Angst um ihn haben. Die Erschütterung kam erst viel später. Noch heute, nach zwölf Jahren, geht mir immer die gleiche Frage durch den Kopf, warum ich meinem Sohn nicht seinen letzten Wunsch erfüllt habe. Richard verbrachte die letzten Wochen seines Lebens zu Hause. Er war damals acht Jahre alt und sein Knochenkrebs im fortgeschrittenen Stadium unheilbar. Er wollte nicht mehr ins Krankenhaus und wir, seine Familie, wollten auch, dass er zu Hause sterben kann. Plötzlich begann er zu kollabieren. Ich bekam Panik und rief den Notarzt an, der ihn ins Krankenhaus bringen ließ. Am nächsten Tag ist Richard dann gestorben, aber nicht zu Hause, wie er es wollte. Ich machte mir schlimme Vorwürfe, fühlte mich schuldig und als Totalversagerin.«

Maria berichtet:

»In der ersten Zeit nach dem Unfalltod meiner Tochter wechselten meine Gefühle von Tag zu Tag, manchmal von Stunde zu Stunde, von einer Minute zur anderen. Ich empfand mein Fühlen und Denken als unberechenbar – für mich selbst und auch für meine Umgebung. Ich verstand mich selbst nicht mehr und wie sollten mich dann andere verstehen?«

Wenn Ihnen als Mutter ein Kind stirbt, ist die Zeit des Trauerns nicht nach einer Woche oder einem Jahr vorbei. Erwartungen, die andere an Sie haben, sollten Sie niemals als Richtlinie für sich akzeptieren.

Alle Menschen gehen diesen emotionalen Prozess ganz unterschiedlich an. Einigen fällt es leicht, ihre Trauer offen auszudrücken, andere behalten diese Gefühle für sich. Es gibt zwar keine »richtige« Art und Weise, wie man trauern sollte, doch sind viele Mütter für Hinweise dankbar.

Wenn ein Kind stirbt, gerät vor allem für Mütter das Leben aus den Fugen, und obwohl dieses Gefühl für alle gleich ist, reagieren dennoch alle sehr unterschiedlich. Jeder trauert auf andere Art. Der Tod eines Kindes wirkt sich auf Mütter seelisch sehr unterschiedlich aus. Viele Mütter reagieren mit Schuldgefühlen und fragen sich, insbesondere bei Unfällen, die zum Tode führten, ob sie ihr Kind besser hätten beschützen müssen. Sie erleben Ohnmacht. Es bedeutet für sie eine tiefe Kränkung, dass sie nicht dafür sorgen konnten, dass ihr Kind weiterlebt. Der Verlust eines Kindes kann sich besonders bei Müttern, und insbesondere im ersten Trauerjahr, auf die psychische Gesundheit auswirken. Sehr oft entwickeln Mütter nach dem Tod eines

Kindes schwere Depressionen. Letztlich kommen Mütter über den Verlust eines Kindes nie wirklich hinweg, aber der Schmerz verändert sich und lässt im Laufe von Jahren nach.

Helga:

»Als ich mich vor sechs Jahren von meiner Tochter verabschiedete, um in den Urlaub zu fahren, sollte es für immer sein. Während ich meinen Urlaub genoss, ging die Tochter ins Krankenhaus zu einer lange geplanten Operation. Sie war voller Hoffnung, dass alles gut verläuft. Einige Zeit nach dem Routineeingriff erlitt Lydia, meine Tochter, einen unvorhersehbaren Schlaganfall, an dem sie sechs Wochen später starb.«

Der Tod der 42-jährigen Tochter war das Schlimmste, was Mutter Helga in ihrem langen Leben widerfuhr, noch weit schmerzhafter, als der Tod des Ehemanns vor vielen Jahren. *»Ein Kind ist ein Kind, egal wie alt es ist«*, sagt sie. *»Sie war mein Ein und Alles. Jeden Tag hat sie mich besucht und immer hat sie mich verstanden. Wir waren ein Herz und eine Seele.«*

Ein Kind zu verlieren, ist eine Katastrophe, ob im Kindes- oder Erwachsenenalter: die Generationenfolge ist abgerissen. Viele ältere Menschen bleiben nach dem Tod eines erwachsenen Kindes als verwaiste Eltern zurück. Mit dem erwachsenen Kind, das sie über Jahrzehnte begleitet, dessen Werdegang sie mit viel Liebe begleitet haben, stirbt für Eltern ein großer Teil der eigenen Biographie.

Anna:

»Ich habe den Verlust erwachsener Kinder zweimal erleben müssen. Meine damals 27-jährige Tochter kam gemeinsam mit

ihrem Freund bei einer verheerenden Gasexplosion in einem Wohnhaus ums Leben. Sie wurde mitten aus dem Leben gerissen. Die Hochzeit der beiden jungen Leute war bereits geplant. Wie ich die Stunden nach dem Unglück erlebte, als das Schicksal der Tochter noch ungewiss war, wie die Zeit danach, als ich mit Hilfe der Polizei und von Überlebenden den Unfallhergang recherchierte, kann ich auch heute noch nicht in Worte fassen. Ich stand lange Zeit völlig neben mir. Seitdem ist nichts mehr, wie es war. Die Trauer um die Tochter wurde überlagert von Krankheit und Tod meines Mannes zwei Jahre später. Zeitgleich verschlechterte sich der Allgemeinzustand meines 34-jährigen Sohnes Andreas so drastisch, dass er zur Behandlung einer kritischen Entwicklung seiner Diabetes in ein künstliches Koma versetzt wurde, aus dem er nicht mehr aufwachte. Es war für mich die schlimmste Zeit, als ich erfuhr, dass er nicht mehr aufwachen und gesund wird. Sechs Monate wurde er in einer Spezialklinik behandelt, dann pflegte ich ihn fast drei Jahre bei mir zu Hause, unterstützt von Pflegediensten. Anders als beim Unfall der Tochter hatte ich nun viele Monate Zeit, Abschied zu nehmen, bis mein Sohn starb.
Schon als meine Tochter durch die Gasexplosion ums Leben kam, wollte ich immer wieder über das Geschehene sprechen. Aber die Menschen wollen das nicht hören. Bald merkte ich, dass ich ihnen damit auf die Nerven ging. In meiner Not wandte ich mich an Selbsthilfegruppen. Dort fand ich Eltern, die auch trauerten und mit denen sie reden konnte. Es ist so wichtig, dass Eltern immer wieder über ihren Verlust reden dürfen, auch wenn es anderen zu den Ohren rauskommt. Doch oft herrscht in der Familie und im Freundeskreis eine lähmende Sprachlosigkeit. Wenn ein erwachsenes Kind dann noch in einem anderen Umfeld oder gar einer anderen Stadt gelebt hat, wenn Nachbarn,

Freunde und Bekannte den Verstorbenen vielleicht nicht gut kannten, können sie die Trauer der Eltern noch weniger nachvollziehen.
Ich habe gemerkt, wie viele meiner Nachbarn und Bekannten mir ausgewichen sind. Aus Unsicherheit und Unwissenheit lassen sie Trauernde ihren Schmerz gar nicht richtig zeigen, sondern wollen sie so schnell wie möglich wieder fröhlich sehen.
In Trauerseminaren und Selbsthilfegruppen habe ich gelernt, dass in einer geschützten Atmosphäre Trauernde eine Gemeinschaft erleben, in der sie frei über den Verlust, den Schmerz und die Einsamkeit sprechen können. Meine Erfahrung ist: Wer sich öffnet, bekommt etwas zurück! Ich habe erfahren, dass Trauer ganz unterschiedlich zum Ausdruck kommt. Kreisen bei einem Suizid die Gedanken eher um die Schuldfrage, steht bei Krankheiten mit Todesfolge der Umgang mit diesem Schicksalsschlag im Mittelpunkt. Darüber hinaus ist mir aufgefallen, dass verwaiste Mütter ganz anders mit ihrer Trauer umgehen als verwaiste Väter. Meiner Beobachtung nach neigen Männer dazu, sich zu verschließen, Frauen dagegen wollen reden, was dazu führt, dass Trauergruppen überwiegend von Frauen besucht werden. Man muss zwar alleine damit fertig werden, aber es hat mir geholfen zu sehen, dass auch andere Menschen trauern.«

Selbst dann, wenn der Tod eines Kindes Jahre zurück liegt, ist in Trauerseminaren spürbar, wie stark der Schmerz das Leben dieser Menschen auch heute noch beeinflusst. Die meisten Mütter, die nicht nur ein Kind, sondern auch einen Ehepartner verloren haben, äußerten die Meinung, dass der Verlust eines Kindes der schwerste Verlust sei, den ein Mensch erfahren kann. Eine Mutter drückte dies im folgenden Satz so aus: »*Wenn der Partner stirbt, stirbt der*

Mensch an meiner Seite, wenn ein Kind stirbt, stirbt ein Mensch aus meinem Herzen.«

Durch die Schilderungen trauernder Mütter wurde mir deutlich, wie viele zusätzliche Verletzungen sie durch Mitarbeiter im Krankenhaus und in ihrem sozialen Umfeld erleben mussten. So stellte sich heraus, dass der Bekannten- und Freundeskreis überwiegend mit *»unsensiblen«*, wenn auch sicherlich gut gemeinten Trostversuchen die betroffenen Mütter zusätzlich belastete. Einige Bekannte und Freunde zogen sich sogar ganz zurück, was mit ihren Gefühlen der Hilflosigkeit und Unsicherheit zu begründen oder zu erklären ist.

Im Krankenhaus war es für die Mütter besonders belastend, dass sie teilweise nur sehr mangelhaft oder nicht wahrheitsgemäß aufgeklärt wurden über den Krankheitsverlauf ihres Kindes. Sie fühlten sich insgesamt wenig ernst genommen und respektiert. Sonja, 39, sieht das so:

»Ich finde es anmaßend, wenn Pflegekräfte sich herausnehmen, zu beurteilen, was gut oder nicht gut für mich ist.«

Gespräche mit »verwaisten Müttern« machen deutlich, dass Trauer andauert und kein Vorgang ist, der irgendwann als abgeschlossen wahrgenommen wird. Trauernde müssen lernen, mit ihrem Schmerz zu leben und ihn in ihr Leben zu integrieren.

Die Gefühle der Trauer verändern sich im Laufe der Zeit. Eine Mutter berichtete, dass sich ihre Trauer um den Verlust ihres Kindes im Laufe der Zeit in eine Sehnsucht umwandelte. Und diese Verbindung über die Sehnsucht, die auch noch nach Jahren besteht, empfanden Mütter als etwas sehr Schönes.

Maritas Erkenntnis:

»Seit dem Unfalltod meiner Tochter sind viele Jahre vergangen. In all den zurückliegenden Jahren bin ich regelmäßig zum Friedhof gegangen, allein und mit meiner Familie. Ich genieße dort die Ruhe. Mit meinem Sohn Max spreche ich oft über seine Schwester, die er bewusst nie kennen gelernt hat. Aber ich rede mit ihm auch über den Sinn des Lebens, den ich nach dem schrecklichen Verlust meiner Tochter erst wieder neu finden musste. Es hat Jahre gedauert, bis ich akzeptieren konnte, was geschehen ist. Doch wenn ich heute an meine tote Tochter denke, dann tue ich das mit einem liebevollen Gefühl.«

Wenn Eltern ein Kind verlieren, ist es von besonderer Tragik, wenn sein Leben *vor, bei oder kurz nach der Geburt* erlischt. Die Umwelt nimmt davon selten Notiz.

Der Tod im Kreißsaal

Der Kreißsaal ist dann nicht ein Ort der Freude und des Glücks, sondern der Tränen, des Schmerzes und der Verzweiflung. Leben und Tod können sehr nah beieinander liegen. Wenn das gerade begonnene Leben mit dem Tod endet, dann ist der Tod eine Ungeheuerlichkeit.

Wer das Wort »Kreißsaal« hört, der denkt wahrscheinlich an glückliche Eltern, die ihr Baby stolz im Arm halten, und an den ersten Schrei des neuen Menschen. Doch für viele Eltern ist der Kreißsaal ein Ort unbeschreiblicher Trauer, denn jedes 133ste Kind in Deutschland wird tot geboren[6].

6. www.polyeides.de/polycontent/feature/film/babies.html

Das englische Wort für Totgeburt ist »*Still birth*« – stille Geburt – es gibt keinen ersten Schrei des Neugeborenen.

Niemand spricht gerne darüber, die meisten wissen wohl auch nicht, wie sie darüber sprechen sollten. *Totgeburten gehören immer noch zu den Tabuthemen unserer Gesellschaft.* Dabei brauchen betroffene Eltern, vor allem die Mütter, dringend Hilfe von außen, um ihren Verlust verarbeiten zu können.

Durch die pränatale Diagnostik ist es in den meisten Fällen möglich, vorherzusagen, ob das Kind aufgrund irreversibler Schäden kurz nach der Geburt sterben wird oder ob es bereits tot ist.

In diesen Ausnahmesituationen ist es bedeutungsvoll, innerhalb der Entbindungsstation einen geschützten Raum aufsuchen zu können für die Zeit der Geburt, das Sterben des Kindes und den Abschied von ihm.

In diesem, von Hektik des Klinikalltags freien Raum werden die Eltern von einer Hebamme betreut und seelisch unterstützt und es wird ihnen ausreichend Zeit für ein ganz individuelles Abschiednehmen gelassen.

Wie Eltern die »stille Geburt« ihres Kindes erlebt und verarbeitet haben, zeigen die folgenden Berichte:

Anita:

»Mein Kind ist in der 28. Schwangerschaftswoche gestorben. Plötzlich waren keine Herztöne mehr feststellbar. Mit wehenfördernden Mitteln wurde die Geburt eingeleitet. Ich befand mich in einem Zwiespalt, einerseits wusste ich, dass das tote Kind nicht länger in mir bleiben konnte, andererseits wollte ich es noch ein bisschen behalten. Irgendwann begann die Infusion zu wirken und die Presswehen setzten ein. Unsere Tochter ist

ohne Dammschnitt gekommen, ganz sanft, sie ist einfach so herausgerutscht. Die Hebamme hat unsere Tochter in ein Tuch gewickelt, sie uns gezeigt und mir in den Arm gelegt. Das war wie ein Erdbeben, eine Erschütterung. Unser Kind war da, es war geschafft. Nun durfte ich weinen und um mein totes Kind trauern. Ich habe meine tote Tochter im Arm gehalten und an mich gedrückt, sie immer wieder angeschaut. Sie war ein winziges Baby, aber alles war dran, perfekt bis auf die Tatsache, dass sie tot war. Ich war begeistert von ihrer Schönheit. Sie war ein so hübsches, süßes Kind. Und irgendwann kam dann der Moment, wo eine Ärztin vor mir stand und auf das Kind wartete. Victoria soll sie heißen, habe ich ihr gesagt und ihr meine süße kleine Tochter dann übergeben. Heute, nach Jahren, habe ich nur noch ihr Profil in Erinnerung: Die Augen geschlossen, die Unterlippe etwas vorgeschoben, beinahe ein wenig trotzig, so schien es. Immer wenn Nicole, ihre Schwester, wütend ist und heult, dann hat sie denselben Ausdruck im Gesicht.«

Wenn Frauen mit der Diagnose konfrontiert werden, dass ihr Kind nicht lebend zur Welt kommen wird, ist das ein schwerer Schicksalsschlag für sie und löst Gefühle wie Hilflosigkeit, Wut, Trauer und Panik aus. Für ein so einschneidendes biographisches Ereignis wie den frühen Tod eines Kindes gibt es in unserer Kultur keine vertrauten und gesellschaftlich akzeptierten Rituale.

Manche Frauen reagieren spontan mit dem Wunsch einer schnellen, passiven Entbindung, möglichst unter Vollnarkose oder diese Vorgehensweise wird ihnen vom medizinischen Personal vorgeschlagen. Die Schwangerschaft wird negiert und das Kind damit in seiner Existenz verneint. Es wird verdrängt und Trauer wird nicht zugelassen. Aber das Unterbewusstsein wird sich zurückmelden!

Um den Verlust des eigenen Babys verarbeiten zu können, brauchen die Frauen dringend Hilfe und seelischen Beistand. Viele Frauen fühlen sich einerseits allein gelassen und andererseits außerstande, über ihren Schmerz zu reden – zu groß sind die Selbstvorwürfe und das Gefühl, versagt zu haben.

An den meisten Krankenhäusern gibt es keine ausreichende psychologische Betreuung, Ärzte und Krankenschwestern sind oft überfordert und haben in ihrer Ausbildung auch nicht gelernt, wie sie mit der psychologisch schwierigen Situation umgehen sollen.

Eine Totgeburt, eine Fehlgeburt ist meistens nur für die Eltern real – in seltenen Fällen auch für die erwartenden Großeltern. Aber für Freunde, für Bekannte und für die Umwelt ist es einfach schwierig, mit etwas umzugehen, was sie noch nie gesehen, noch nie kennen gelernt haben. Noch größere Probleme entstehen, wenn auch die Eltern – die Frau, der Mann – nicht über ihr verstorbenes Kind reden können. Hinzu kommt, dass Verwandte und Bekannte sich oft ausweichend zurückziehen. Sie meinen, es sei besser, die Eltern nicht noch darauf anzusprechen.

Wenn aber die Trauer um das tote Kind totgeschwiegen wird, sucht sie sich irgendwann ihren Weg. Betroffene Frauen kapseln sich ab, isolieren sich oder bekommen schwere Depressionen. Ebenso können sich auch organische Krankheiten in späteren Jahren manifestieren. Das trifft nicht nur auf die Frau zu, sondern auch auf den Mann.

Um nicht in solche Schwierigkeiten zu geraten, sollten Sie als Erstes bewusst von Ihrem toten Kind **Abschied nehmen** und es würdig **beerdigen lassen:**

Manche Mütter haben nämlich die Erfahrung gemacht, dass ihr totgeborenes Kind in der Klinik bzw. im Krankenhaus schnell beiseite genommen wurde. Aber die unwiederbringliche Möglichkeit, das Kind zu sehen, es zu berühren und in den Armen zu halten, ist ganz wichtig für den weiteren Prozess einer Verarbeitung.

a) Abschied nehmen

Ein Kind, das nicht lebt, muss verabschiedet werden. Und deswegen ist es auch wichtig, das Kind, das geboren wird, zu begrüßen und das, was man lieb hat, in den Arm zu nehmen, um es dann abzugeben. Manche Eltern haben Angst davor, sich erschrecken zu können. Aber das ist ein Irrtum und solche Eltern müssen einfühlsam begleitet und angeleitet werden. Totgeburten sind kleine Kinder, die aussehen wie Vögel, die zu früh aus dem Nest gefallen sind, und sie sind ein Teil der Mutter gewesen. Und aus Erfahrungen von Müttern, die von früheren Situationen berichten, ist bekannt, wie wichtig es war, ihr Kind in den Arm genommen zu haben, bzw. wir wissen von dem Verlangen von Müttern noch Jahre später, die das nicht getan haben.

Ganz besonders schlimm ist für Eltern dieser Abschied, wenn sie das Gefühl haben »Wir sind an dieser Entscheidung selber beteiligt gewesen«. Das heißt: durch die pränatale Diagnostik wurde ihnen eröffnet, dass ihr Kind kaum eine Lebenschance habe. Es wird schwer und womöglich mehrfach geschädigt sein. Und die Eltern entschließen sich dann, das Kind nicht auszutragen und nicht abzuwarten, was passiert, sondern mit den Ärzten zusammen einzugreifen und die Schwangerschaft abzubrechen.

Selbst wenn Eltern im Krankenhaus von ihrem totgeborenen Kind Abschied nehmen konnten, werden sie, wieder zu Hause, beim Anblick der leeren Wiege und des liebevoll gestalteten Kinderzimmers brutal mit dem Tod ihres Kindes konfrontiert. Eine Frau berichtete in einem Trauerseminar: »*Ich kam nach Hause mit leeren Händen und bin stundenlang im Kinderzimmer umher gelaufen. Ich habe diese Leere nicht ausgehalten.*«

Wieder und wieder werden Eltern mit der grausamen Realität konfrontiert, dass es kein gemeinsames Leben mit dem toten Kind geben wird. Der einzige Beweis, dass es existiert hat, sind die im Kreißsaal gemachten **Fotos, oder ein Fußabdruck.** Fast immer ist es betroffenen Müttern wichtig, die Spuren ihres Kindes für immer zu sichern. Eine Frau, die aufgrund ihrer unbeschreiblichen Trauer um den Verlust ihres Kindes alles ablehnte, was das Erinnern möglich macht, und die nur noch Fluchtgedanken hatte, nichts wie weg aus der Klinik, ging erst nach Jahren auf »Spurensuche«. Sie suchte die Hebamme auf, die sie entbunden hatte, und versuchte alles über ihr Kind zu erfahren, wie es ausgesehen hat und ob es Fotos gibt. Diese Erfahrung sollte allen betroffenen Eltern eine Lehre sein. In jedem Fall sollten Sie, wenn Sie betroffen sind, Fotos machen oder einen Fußabdruck des Kindes nehmen.

b) Beerdigung

Die meisten Eltern möchten auch gern, dass ihr totgeborenes Kind nicht einfach »entsorgt« wird, sondern würdig beerdigt wird.

In einer Zeit großen Kinderreichtums kam es öfter vor, dass ein Kind im Mutterleib oder als Säugling verstarb. Dementsprechend wurde beim Umgang mit Fehl- und Totgeburten »nicht viel Aufsehen gemacht«. In der Regel wurde ein totgeborenes Kind im Sarg irgendeines Verstorbenen »beigelegt«. Dadurch wurde es zwar »richtig« bestattet und landete nicht beim »medizinischen Abfall«. Viele Mütter haben sehr darunter gelitten bzw. leiden lange darunter, dass sie überhaupt nicht wissen, wo ihr Kind begraben wurde. Diese unbefriedigende Situation suchte man dadurch zu entschärfen, dass neuerdings in manchen größeren Gemeinden ein eigenes »Kindergrab« errichtet wurde bzw. wird, in dem in bestimmten zeitlichen Abständen gleichzeitig mehrere Kinder bestattet werden. Auch wenn dort keine Namen der Kinder aufscheinen, so wissen die Eltern wenigstens, wo ihr Kind begraben ist; einige von ihnen bringen dorthin auch Erinnerungsgegenstände, kleine Stofftiere und vieles andere.

Gudrun:

»Bald nach der Geburt hat uns die Hebamme eine so genannte Beisetzungserklärung zum Unterschreiben vorgelegt. Dadurch wird einem Bestattungsinstitut der Auftrag zu einer Beerdigung erteilt, bei der mehrere Kinder gemeinsam bestattet werden (etwa halbjährlich). Bis dahin bleiben die Kinder in den Kühlräumen des Krankenhauses bzw. Instituts für Pathologie. Ein Be-

gleitschreiben macht darauf aufmerksam, dass man vom Beisetzungstermin schriftlich informiert wird, außer man wünscht dies nicht.«

Anna machte folgende Erfahrung:

»Möchten Sie Ihr totgeborenes Kind wirklich selbst beerdigen?« Diese spontane Frage unserer Hebamme hat uns zwar verunsichert. Wir erklärten der Hebamme aber trotzdem, dass wir unseren Sohn im Familiengrab bestatten wollten. Denn es war uns wichtig, dass unser totgeborenes Kind – das zu uns und zu unserer Lebensgeschichte gehört – nicht anonym in einem Kindergrab liegt. Es sollte nicht nur einen »Platz« in unseren Herzen haben, sondern auch einen »Platz« in unserem Familiengrab. Wir haben uns auch ein schlichtes Begräbnis im Familienkreis gewünscht und dazu unseren Traupfarrer eingeladen, der dies gern übernommen hat. Wir wollten damit zum Ausdruck bringen, wie sehr dieses Kind zu uns gehört und dass es eine menschliche Würde hat, auch wenn es noch so klein war. Mit einem eigenen Abschieds- und Begräbnisritus wollten wir einen »Übergang« gestalten, der uns hilft, mit dieser Situation zurechtzukommen und unseren Sohn loszulassen. Wir machten die Erfahrung, dass eine würdige Bestattung von toten Neugeborenen durch die geltenden Bestattungsbestimmungen oft erschwert wird. Wir wurden auch gleich darauf aufmerksam gemacht, dass eine eigene Bestattung unverhältnismäßig teurer ist als die Beerdigung in einem allgemeinen Kindergrab. Immerhin wurden wir über verschiedene Möglichkeiten der Bestattung informiert.«

Angelika:

»Wir hatten das Glück, einen sehr fortschrittlichen Bestatter empfohlen zu bekommen, der sehr behagliche Abschiedsräume anbietet. Unser Sohn wurde aufbewahrt und die ganze Familie konnte jederzeit zu ihm, um ihn kennen zu lernen und gleichzeitig Abschied nehmen zu können. Obwohl früher totgeborene Kinder nicht kirchlich beerdigt wurden, ist die Beerdigung des toten Babys der wichtigste Schritt, damit die Eltern ihren Verlust verarbeiten können, denn sie zeigt die Realität des Todes. Es wird oft gesagt »Mein Kind sah aus, als hätte es geschlafen«, aber das ist falsch. Es schläft nicht, es ist tot! Es mag jemandem tröstlich erscheinen, dass das Kind aussieht, als würde es schlafen, aber es wird dann auch angenommen, dass es später vielleicht wieder aufwacht. Und dann halt zu merken, dass mein Kind nicht warm ist. Dass ich es aber trotzdem annehmen kann, dass ich erkennen kann, dass es mein Kind ist. Das ist ganz wichtig! Das ist auch ein Stückchen Realität begreifen. Aus eigener Erfahrung rate ich allen Eltern, sich ihr Kind vor der Beerdigung noch einmal anzuschauen, es vielleicht sogar in den Arm zu nehmen.«

»Du warst ein Kind der Hoffnung …«

von Hanne Straeck

Anna, du warst ein Kind der Hoffnung,
unsere Liebe umhüllte dich,
unsere Fantasie schmückte anfangs schon dein Leben aus.
Du warst ein Kind des Lebens.
Wir wollten Leben weitergeben

und uns selbst beschenken lassen.
Anna, du bleibst unser Kind.
Wir haben dich voll Sehnsucht erwartet,
doch da haben sich dann bald auch Sorge
und Traurigkeit in unsere Hoffnung gemischt.

Du, kleines Menschenkind, hast diese Welt nicht gesehen.
Wir haben nur ganz kurze Zeit dein Gesicht gesehen.
Wir haben in deine Augen geschaut,
aber du hast nicht in unsere Augen geschaut.
Nun aber siehst du das ewige Licht,
das strahlende und wärmende Licht der Liebe Gottes.
Auch du wohnst im Hause Gottes,
wo viele Wohnungen sind.
Du bist gesegnet, du Kind der Hoffnung,
und mit dir ist gesegnet unsere Trauer um dich,
du Kind bei Gott.

Aus: Straeck, Hanne: Du warst ein Kind der Hoffnung, in: www.schmetterlingskinder.de/gedichte.html

Die besondere Trauer der Väter

Trauern Väter eigentlich anders als Mütter?
Trauernde Väter werden mit Gefühlen konfrontiert, die ihnen vorher so nicht begegnet sind. Wie sollen sie sich verhalten? Wie damit umgehen? Fragen, auf die sie und natürlich auch ihre Familien sehr individuelle Antworten suchen und finden müssen. Oft entstehen hier Spannungen und Missverständnisse zwischen den betroffenen Vätern und ih-

rem sozialen Umfeld, die eine hilfreiche Kommunikation verhindern. Wie können trauernde Väter so begleitet und unterstützt werden, dass ihre individuellen Bedürfnisse und Ressourcen beachtet werden und eine hilfreiche Kommunikation ermöglicht wird?

Unsere Gesellschaft hat offensichtlich Probleme damit, einer Frau natürlich zu begegnen, die ein Kind verloren hat. Wie viel schwerer tut sich diese Gesellschaft, einem trauernden Vater gegenüber in angemessener Weise zu reagieren? Meistens fragen alle nach dem Befinden der Mutter, dem Vater wird kaum Anteilnahme entgegengebracht. Oft wird er kaum beachtet und stellt eher eine Randerscheinung dar. Dahinter kann sich Angst vor Trauerreaktionen oder gar Tränen eines Mannes verbergen. Und ehe man nicht so recht weiß, wie man in einem solchen Fall reagieren soll, vermeidet man es, einen Vater nach seiner Trauer zu fragen.

Männer, insbesondere Väter, haben in unserer Gesellschaft stark zu sein. Deshalb bekommen sie auch nicht die gesellschaftliche Erlaubnis zu trauern.

Wer in unseren Breitengraden ein echter Mann ist, weint nicht, andernfalls gilt er als »Weichei«. Das scheint ein ungeschriebenes Gesetz zu sein, die Kinder werden schon danach erzogen. Dabei scheint eines in Vergessenheit geraten zu sein. Es gibt einen Grund für das Weinen. Weinen ist eine Form der Energiefreisetzung. Negative Energien haben sich in uns angestaut und irgendwann müssen sie freigelassen werden. Wir alle kennen das Sprichwort, *dass bei einem alle Dämme gebrochen sind.* Das ist sehr treffend formuliert. Es ist vergleichbar mit einem Staudamm. Wenn nicht ab und zu Wasser abgelassen wird, würde er überlaufen oder von der unbändigen Kraft des Sees, den er zurückhält, zersprengt werden. Wenn wir also im übertragenen Sinne nicht ab und zu unseren Tränen freien Lauf lassen, so mag es sein, dass auch wir, ähnlich dem Staudamm, innerlich zersprengt werden und die Reparatur erfordert sehr viel Arbeit.

Wie erleben Väter Trauer? Dürfen Väter weinen, wenn es ihnen schlecht geht, was könnte helfen? Was passiert überhaupt mit ihnen in der Trauer? Welche Ausdrucksformen finden sie in der Trauer? Wie ist ihr Umgang mit Trauer und zu welchen Anlässen/Gelegenheiten äußern sie sich dazu? Mit diesen und ähnlichen Fragen beschäftigen sich Väter, die mit der unvorstellbaren Tatsache leben müssen, dass ihr Kind gestorben ist.

Bisher gab es nur wenig Literatur, bei der Männer zu solchen Fragen Antworten finden konnten, denn die meisten Bücher zum Thema Sterben, Tod und Trauer sind von Frauen verfasst! Durch die Trauerarbeit mit Männern in entsprechenden Seminaren weiß ich, wie Männer Trauer erleben und erleiden. Ihre Erfahrung kann anderen Männern viel geben und sehr nützlich sein.

Inzwischen gibt es eine Reihe von Büchern männlicher Autoren zum Thema »Trauer« (s. Anhang, Weiterführende Literatur).

Sie vermitteln, trotz ihres berührenden Inhalts, viel Kraft zum Aushalten und vielleicht den einen oder anderen Hoffnungsgedanken.

Was in Seminaren deutlich wird, ist dies: Gefühle zu zeigen ist für Väter nach wie vor schwierig – auch wenn die Vorstellungen darüber, was »typisch« männlich und weiblich ist, sich deutlich verändert haben. Besonders in Situationen von Trauer und Verlust reagieren Väter eher verschlossen. Trotz der unterschiedlichen Trauerreaktionen von Vätern und Müttern haben beide vieles gemeinsam, was die Gefühle angeht, die mit ihr einhergehen. Im Umgang unterscheiden sich beide. Väter trauern anders, aber keineswegs weniger intensiv als Mütter. Aus diesem Unterschied können Konflikte entstehen. Müttern, die darum wissen, fällt es leichter, Trauer bei Vätern zu erkennen und zu verstehen. Väter, die erleben, dass ihre Gefühle anerkannt werden, können besser mit ihnen umgehen und sich anderen gegenüber öffnen. Missverständnisse lassen sich so vermeiden. Der Druck, in Job und Familie weiterhin ganz normal »funktionieren« zu müssen, wird abgebaut. Trauergruppen können eine Hilfe sein, Mut zu finden, die Trauer nicht neben- oder gegeneinander, sondern gemeinsam zu bestehen.

Die überwiegende Zahl aller verwaisten Eltern erleben nach dem Tod ihres Kindes schwere Ehekrisen[7]. Manchmal gelingt es mit Hilfe von Beratungsstellen, eine Trennung zu vermeiden. Aber viele Ehen sind mit dieser Situation überfordert. Es gelingt wenigen, das emotionale Erleben des Partners, das ganz anders ist als das eigene, als Chance statt als weitere Verletzung zu erleben. Tatsächlich kann es von großem Nutzen sein, dass nicht beide Partner gleichzeitig abgrundtief trauern oder aber beide in Aktionismus verfallen. Unterschiede können auch ergänzen. Die rechtliche Situation fördert übrigens die Ungleichheit zwischen Mann und Frau. Während der Mutter nach einer Totgeburt, so makaber dies klingt, der gesetzliche Mutterschutz zusteht,

7. www.lutz-debus.de/paedagogik/sternschnuppen.htm

kann der Vater auf insgesamt drei freie Tage hoffen. Aber auch dann, wenn die Tragödie erst später stattfindet, bleibt die allseits bekannte Verteilung der Geschlechterrollen. Der Mann arbeitet in der Regel Vollzeit, die Frau eher weniger oder gar nicht. So bleibt dem Vater nicht nur weniger Zeit, eine Beziehung zu seinem Kind aufzubauen, sondern auch weniger Zeit, sich von seinem Kind zu verabschieden. Das führt dazu, dass viele Männer ihre Frau unterstützen, sie schonen und dabei die eigene Trauer und Resignation vergessen. Diese Rollenerwartungen kommen auch von außen. Man sagt den Vätern: »*Sie müssen stark sein. Ihre Frau braucht Sie.*«

Ein Vater erzählte in einem Trauerseminar mit Resignation in der Stimme: »*Bei der Beerdigung haben alle meine Frau in den Arm genommen und gedrückt. Ich stand daneben. Ich war ja nur der Vater.*«

Der Vater ist nun einmal in den meisten Fällen derjenige, der einen Beruf ausübt. So bleibt dem verwaisten Vater schon aus ökonomischen Zwängen kaum Zeit zum Trauern. Oft kommt ihm das aber auch gelegen. »*Die Arbeit ist eine willkommene Ablenkung. Die Sonntage sind am schlimmsten. Man will was unternehmen, um die Zeit auszufüllen und will doch nichts machen*«, das berichtet ein betroffener Vater.

»*Wenn ich nach der Arbeit zur Ruhe komme, ist das schwer auszuhalten. Früher habe ich diese Zeit mit meinem Sohn verbracht*«, berichtet ein Mann, dessen Kind vier Wochen zuvor nach langer Krankheit gestorben war. Aber dadurch, dass sich Männer für die Trauer keine Zeit lassen, ist diese nicht automatisch verschwunden. Anstelle der Trauer kann Teilnahmslosigkeit, Müdigkeit, Zorn oder Hoffnungslosigkeit das Leben beherrschen. Viele Männer leiden nach existenziellen Verlusten an psychosomatischen Erkrankungen. Und manchmal kommt die Trauer viel später als angenommen und überrascht.

Männer fühlen und reagieren nicht nur anders als Frauen, sie trauern auch anders. Frauen in Trauer sprechen über ihre Gefühle und suchen die Gemeinschaft und Nähe zu anderen. All dies sind sehr gesunde Methoden des Abschiednehmens. Männer dagegen weinen wenig bis nie. In ihrem Vokabular finden sich viel weniger Worte, um Gefühle auszudrücken. Und – im Gegensatz zu Frauen – suchen sie bei Schmerzen eher das Weite als die Nähe.

Trauerbegleiter machen häufig die Erfahrung, dass in angebotenen Trauergesprächskreisen sich überwiegend Frauen treffen, die sich darüber beklagen, dass ihre Männer nicht über den Tod des eigenen Kindes sprechen wollen. Die wenigen Männer, die sich auf Trauerseminare einlassen, kommen ihren Frauen zuliebe mit. Die meisten Männer sind sehr befangen und versuchen, ihre Haltung zu bewahren, was ihnen selten gelingt. Die wohltuende Wirkung dieser Gespräche, der innere Frieden, der sich beim Reden über das gestorbene Kind einstellen kann, wird von ihnen oft erst Monate später wahrgenommen. Die wenigen Männer, die aus einem eigenen Bedürfnis heraus in Trauergesprächskreisen auftauchen, repräsentieren eine besondere Art Mann. Es sind diejenigen, die aufgeschlossen sind, die ihre Gefühle wahrnehmen und sich erlauben, diese zu zeigen und darüber zu sprechen. Am ehesten werden Väter erreicht, wenn die ganze Familie zu einem »Wochenende für verwaiste Familien« eingeladen wird. So ein Wochenendseminar ist eine Mischung aus strukturierten Gesprächen und gemeinsamen Aktionen. Gerade die Pausen zwischen den Angeboten und das lockere Zusammensitzen am Abend nutzen Männer, miteinander in Kontakt zu kommen. Dann müssen sie nicht den Erwartungen und dem Stil der Frauen entsprechen.

Väter sind keineswegs Verdrängungskünstler oder Traueranalphabeten. Weniger mit Worten als mit Taten begegnen sie dem Abschied vom geliebten Kind. Die kleine Tochter von Lars N. starb schon vor ihrer Geburt. Für die Mutter war dies und alles, was daraus folgte, fürchterlich. Und für den Vater? Nach einem halben Jahr machte er sich mit einem Freund daran, das kleine Grab zu gestalten. Beide Männer gossen Betonplatten, hoben diese auf einen Karren, zogen sie zum Friedhof, versenkten sie in den aufgeweichten Frühlingsboden. Kaum ein Wort wechselten die beiden Männer an diesem Wochenende.

Herr H. präsentiert im Trauergesprächskreis ein Video. Mit Musik unterlegt zeigt es Bilder aus dem Leben seiner Tochter. Lange und intensiv hat er am Computer daran gearbeitet.

»Ich bin stolz auf meine Tochter. Aber diesen Film, der eine Liebeserklärung ist, kann ich kaum jemandem zeigen.«

Der Verlust des eigenen Kindes löst auch bei Vätern tiefe Trauer aus. Manche erleben sich nach durchlebter Abschiedsphase gereift. *»Die Verzweiflung geht, die Trauer bleibt«*, so beschreibt Gunnar D. seine heutige Situation. Zu Weihnachten fehlt ihm seine Erstgeborene besonders. Ein solches gemeinsames Fest konnten Tochter und Vater nämlich nicht gemeinsam feiern. Aber dieser und andere Schicksalsschläge haben den *»verwaisten Vater«* auch positiv verändert. Er ist gefühlvoller geworden. Sein eigenes Leben bekam einen neuen, wertvolleren Sinn. Statt nur auf Beruf und Karriere zu schauen, erkennt er jetzt auch die kostbaren Kleinigkeiten und den Wert, den seine anderen Kinder für ihn haben. Dafür, gibt er zu bedenken, musste er erst sehr viel Grausames erleben.

Ein anderer Fall:
Harald T. verliert seinen halb erwachsenen Sohn. Er bettet ihn in dessen kleiner Wohnung. Er lässt ihn sich nicht vom Bestattungsunternehmen wegnehmen. Er ruft Freunde und Freundinnen zusammen. Um Nachtwache zu halten. Am anderen Tag wäscht er seinen toten Sohn, zieht ihm seine Lieblingssachen an und legt ihn eigenhändig in den Sarg. Niemandem zeigt er seine Tränen.

Männer tragen beim Verlust eines Kindes eine doppelte Last: Sie sind selbst in Trauer, diesem unberechenbaren Gefühl ausgesetzt und fühlen sich in dieser Ausnahmesituation überfordert, ihre Frau zu stützen und zu trösten. Sie kommen sich vor wie »*hilflose Helfer*«, die nach außen hin stark sein müssen. Auf diese Weise werden Männer gezwungen, ihre eigene Trauer zurückzuhalten, um ihre Frau nicht auch noch mit ihrem *eigenen* Schmerz zu belasten. *Frauen interpretieren das oft als Gleichgültigkeit oder Gefühlskälte.* Durch falsche Rücksichtnahme, indem Mann und Frau sich nicht in ihrer Trauer und Hilflosigkeit zeigen, ist der Nährboden für Missverständnisse bereitet, aus denen sich oft tiefere Konflikte ergeben.

Männer sind »Höhlenmenschen« und neigen eher dazu, sich bei Krisen zurückzuziehen, zu verkriechen. Sie verfügen nicht – wie Frauen – über stabile Netzwerke von Freundinnen, die auffangen und eine Quelle der Kraft und des Trostes werden. Männer bilden selten intime Freundschaften, in denen sie ihr Herz ausschütten und Zuwendung bekommen können. Die meisten haben in ihrer Entwicklung nie gelernt, sich über ihre Gedanken, Gefühle, Wünsche und Sorgen auszusprechen.

Wenn »verwaiste Väter« davon überzeugt sind, einer müsse doch die Fahne hoch halten, ignorieren sie damit ihre eigenen Gefühle. Im Gegensatz zu verwaisten Müttern, die sich zu Hause ihrer Trauer hingeben können, muss ein verwaister Vater schon bald nach dem traurigen Ereignis wieder zur Arbeit zurückkehren, wo man keine Rücksicht auf seinen »Ausnahmezustand« nimmt, sondern von ihm Produktivität erwartet. Diese Erwartung, »normal zu sein«, kann trauernde Väter sehr belasten, denn auch sie brauchen ihre Zeit, um ihre Trauer zu verarbeiten und in die Normalität des Lebens zurückkehren zu können. Aufgrund ihrer Arbeitssituation können Männer es sich kaum leisten, ihre Trauer so an sich heranzulassen wie Frauen. Nach der Geburt eines Kindes bekommt der Vater einen Tag, nach dem Tod eines Kindes zwei Tage »Sonderurlaub«. Fehlgeburten werden überhaupt nicht registriert. Schon am nächsten Tag müssen trauernde Väter wieder bei der Arbeit sein.

Christian, 32:

»Ich hatte gerade mein Referendariat begonnen, als unsere Tochter kurz nach der Geburt starb. Ich hatte große Mühe, mich vor der Klasse unter Kontrolle zu halten. Ich konnte doch nicht einfach losheulen. In einem anderen Beruf hätte ich mich für einige Minuten auf der Toilette zurückziehen können, um mich auszuweinen, wenn eine Trauerwelle wieder über mir herein-

brach. Doch vor der Klasse musste ich durchhalten, meine Gefühle unterdrücken und tapfer sein.«

Viele Männer unterdrücken aber auch ihre Trauer aus Angst vor diesem unberechenbaren Gefühl. *Trauer zu zeigen macht klein, schwach und verletzlich und genau das Gegenteil erwartet unsere Gesellschaft.* Tatsache aber ist, dass das Zulassen der Trauer, das manche Männer als Schwäche oder Sichgehenlassen empfinden, in Wahrheit ein Zeichen von Stärke ist. Wer die Zeit des Leidens als eine Zeit des Lernens versteht, hat vielleicht die Chance, neue Beziehungswege einzuschlagen und selbst in der Krise wirkliche Freunde und Begleiter zu finden: Menschen, die für ihn da sind, die ihm geduldig zuhören, wenn er zum x-ten Male seine Geschichte erzählt, Menschen, die keine Angst vor menschlicher Nähe haben, die Respekt vor seiner Trauer und seinen Tränen haben – und ihm Zeit und Raum geben, seine Trauer herauszulassen.

Hilfen von anderen für trauernde Eltern

a) Hilfe durch menschliche Nähe

Verschiedene Eltern äußerten, welche Trauerreaktionen auftreten können und was ihnen dann am besten geholfen hat:

Die meisten Eltern beklagten nach dem Verlust eines Kindes *Hilflosigkeit* und *Ohnmacht,* die alles lähmen. Sie hatten keine Kraft, etwas zu tun und fühlten sich durch den erlittenen Verlust wie durch eine hohe Mauer abgeschnitten von anderen Menschen. Als hilfreich empfanden es betroffene Eltern, dass Nachbarn, Freunde und Bekannte ihnen nicht ausgewichen sind, *sie nicht allein gelassen haben, sondern durch menschliche Nähe und ständiges Bemühen ihnen geholfen haben,* die scheinbar unüberwindliche Mauer zu überwinden und den Weg in das Leben zurück zu finden.

Viele trauernde Eltern äußerten, dass sie oft nicht gewusst hätten, wohin sie mit ihrer Wut über das Geschehene hin sollten. Sie hatten Angst davor, dieses Gefühl als Folge des erlittenen Verlustes zu äußern, weil Wut in Verbindung mit Trauer auf Unverständnis stößt. Sie empfanden es als befreiend, Menschen zu finden, mit denen sie über ihre Gefühle reden konnten und die sich mit Interesse, Empathie und Geduld immer wieder die Leidensgeschichten anhörten.

Verwaiste Eltern wissen zwar, dass niemand wirklich verstehen kann, was passiert ist. *Hilfreich ist es deshalb, wenn Menschen Geduld mit ihnen und ihren Stimmungsschwankungen haben und sie so annehmen, wie sie gerade sind.* Trauernden Eltern hilft es auch, wenn ihre Umwelt begreift, dass sie nach dem Verlust nicht mehr die gleichen sind wie vor dem Trauerereignis und dass die Trauer um ein verlorenes Kind ihr ganzes Leben verändern wird und nichts mehr so sein wird, wie es einmal war.

Wirkliche Unterstützung für trauernde Eltern besteht darin, einfach da zu sein. Oft verspüren Freunde und Familie den Druck, das Problem zu lösen oder Rat anzubieten. *Geben Sie keine Kommentare oder Ratschläge ab!*

Es hilft trauernden Eltern, wenn sie über den Verlust des Kindes reden können. Glauben Sie Trauernden und bestätigen Sie ihre Gefühle und Reaktionen, denn nur dadurch fühlen sie sich verstanden. Minimieren Sie nicht, was Trauernde empfinden, indem Sie vermeintlich Schlimmeres ansprechen. Jeder Schmerz ist einmalig und relativiert sich nicht durch das, was andere durchgemacht haben. Freunde können ihre Gefühle offen teilen und den Betroffenen ihre Unterstützung und Zuneigung versichern. Freunde können ihre Unterstützung, aber auch ihr Verhalten mitteilen, indem sie trauernde Eltern spontan z. B. zum Essen einladen. *Zeigen Sie Trauernden Ihr Mitgefühl auch durch Körperkontakt, indem Sie diese beispielsweise in den Arm nehmen.*

Freunde müssen die Zeit respektieren, den der Trauerprozess braucht, um zu heilen. Das verlangt *Geduld.* Genau genommen können andere Menschen relativ wenig tun, denn sie stecken nicht in den Schuhen trauernder Eltern. Wir können nur versuchen, sie zu verstehen. Wir können sie lieben. Wir dürfen Dinge nicht persönlich nehmen und wir dürfen nicht gekränkt sein durch das, was sie tun. Sie sind manchmal unabsichtlich verletzend.

Ein Kommentar mag verdeutlichen, was hilfreich ist: »*Ihr seid alle wirklich wunderbar, wie ihr euch Zeit nehmt, um herauszufinden, was zu tun ist, und wie ihr uns helfen könnt. Was würden wir nur ohne euch tun? Wir würden einsam und verlassen sein.*«

Hilfreich für trauernde Eltern ist es auch, sich Trost im Glauben und im Gebet und Unterstützung durch Trauerliteratur zu holen (s. Anhang, Weiterführende Literatur).

b) Hilfe in der Klinik

Es gibt fortschrittliche Kliniken, die auch die äußeren Bedingungen dazu schaffen, Eltern totgeborener Kinder einen Rahmen für ihre Trauer zu bieten: Gedämpftes Licht im Kreißsaal, ein geschmückter Tisch mit Kerze und Blütenschale. *Für Eltern totgeborener Kinder ist es tröstlich, wenn respektvoll mit dem totgeborenen Kind umgegangen wird.* Einige Kliniken bieten den Eltern auch an, ihr totes Kind zu baden, es anzuziehen, Fotos zu machen, dem Kind einen Namen zu geben, ihr Kind zu segnen. Oft stellen die Hebammen Kontakt zum psychosozialen Dienst der Klinik her, zu den nachsorgenden Hebammen, zu Bestattern oder zu einer Selbsthilfegruppe, z. B. der »*Leere Wiege*«[8] her.

c) Hilfe durch Seelsorger

Das Wichtigste bei Fehl- und Totgeburten ist die Überwindung der eigenen Sprachlosigkeit. Lange Zeit war die Situation bei Fehl- und Totgeburten ein Tabuthema. Aus einer gewissen Scheu und Unsicherheit heraus hat man nicht gerne darüber gesprochen. Oft wurden Mütter in ihrer Situation mit sich allein gelassen; und auch Väter haben kaum darüber geredet. Falls dieses Thema in der eigenen Umgebung doch zur Sprache kam, hörte man bald einen gut gemeinten Trost: Man habe ja schon ein Kind oder könne wohl noch eines bekommen. So blieb Betroffenen oft nur das Schweigen.

Dagegen bieten die Kirchen an, Betroffenen durch geistliche Begleitung die Gelegenheit zu geben, über den Verlust

8. www.leere-wiege.de

ihres Kindes in einer offenen und verständnisvollen Atmosphäre zu sprechen. Dabei lässt man sich auf einen Prozess ein, der nicht bei Klage und Trauer stehen bleibt, denn gerade gläubige Christen schöpfen Trost aus dem Glauben. Oft gelingt es einfühlsamen Seelsorgerinnen und Seelsorgern, im Gespräch ein hoffendes Vertrauen aufzubauen und auch, zusammen mit den Betroffenen Gebete zu formulieren und einfache Symbole (z. B. Kerze, Weihwasser, Blume etc.) und Rituale zu finden und zu gestalten, die die österliche Hoffnung auf ein ewiges Leben zum Ausdruck bringen. So kann trauernden Eltern bewusst werden, dass auch ihr so früh verstorbenes Kind von Gott kommt und zu ihm zurückkehrt.

Beistand können Sie auch in Trauerseminaren oder Trauergruppen finden:

d) Hilfe in Trauergruppen

Die Hospizbewegungen verschiedener Städte bieten Trauergruppen für Eltern an, die ein oder mehrere Kinder durch Tod verloren haben.

In den Trauergruppen trifft man sich regelmäßig, z. B. einmal in der Woche.

Die Aufgabe der in diesen Gruppen vollzogenen Trauerrituale liegt darin, sich aktiv zu verabschieden, sich mit dem Schicksal, dem Leid auszusöhnen. Es soll der Trauer ein Weg nach draußen gezeigt werden, damit die Seele wieder heilen kann.

e) Hilfe in Trauerseminaren

Eine andere Hilfe kann der Besuch eines Trauerseminars sein:

Trauerseminare werden angeboten von Institutionen, z. B.: Volkshochschulen, evangelischer und katholischer Erwachsenenbildung und von privaten Trauerbegleitern oder von Bestattungsunternehmen.

Ich möchte Sie hier auf das Seminar von Jorgos Canacakis[9] hinweisen:

»*Basis-Seminar Lebens- und Trauerumwandlung – Für trauernde Eltern auf neuen Lebenswegen*«

Ziel dieses Seminars ist *die Umwandlung der Trauer*, weil Trost allein nicht genüge. In diesem Seminar werden die Eltern ihr Kind nicht nochmals verlieren oder gar vergessen. Sie werden von der mitmenschlichen Sympathie und Empathie der Gruppe gehört, gesehen, verstanden, akzeptiert und getragen und gewinnen damit die Möglichkeit, ihr Leben selbstständig und kreativ zu gestalten, indem die Erinnerung an die gelebte Zeit mit dem Kind (auch wenn es »nur« die Zeit im Bauch als Embryo war) als etwas »Ganzes« bleibt.

Das Modell »*Trauernde Eltern auf neuen Lebenswegen*« (TEANL©) basiert auf Modellen der rituellen und symbolischen Traditionen. *Ziel dieses Ansatzes ist es, lebensbehindernde Trauer in lebensfördernde Trauer umzuwandeln.* Es

9. Akademie für Menschliche Begleitung, Jorgos Canacakis, 45134 Essen, Goldammerweg 9, Tel. 0201/ 442469, Fax 0201/471800, www.canacakis.de, E-Mail: mail@canacakis.de, Seminare in Deutschland, Österreich, der Schweiz und Griechenland.

kann dann statt einer Depression gesunde, lebendige Trauer und kreative Lebensgestaltung aus dem Potenzial der umgewandelten Trauer entstehen und damit ein Gewinn von Erinnerung.

f) Hilfe in Selbsthilfegruppen

Aufgrund eigener Betroffenheit kennen Eltern die aus Trauer resultierende Orientierungslosigkeit und Verlassenheit. Viele suchen dann nach einer Gemeinschaft, in der sie sich getragen und verstanden fühlen. Selbsthilfegruppen wie z. B. *»Verwaiste Eltern in Deutschland e.V.«*, *»Initiative Regenbogen«*, *»Glücklose Schwangerschaft e.V.«* bieten Eltern für die erste Zeit meist ein gutes, sicheres Auffangnetz (s. Anhang, Adressen, verwaiste Eltern).

Der Bundesverband »Verwaiste Eltern in Deutschland e.V.« bietet trauernden Eltern Hilfe und Begleitung an. Darüber hinaus sind die Verwaisten Eltern ein Netzwerk von inzwischen fast 500 Gruppen in ganz Deutschland. In diesen Gruppen finden Eltern nach dem Tod ihres Kindes den schützenden Raum, in dem Trauer zugelassen und gezeigt werden darf. Hier finden sie Hilfe auf dem langen und leidvollen Weg durch die Trauer, hier ist Trost möglich jenseits von vordergründiger und schneller »Vertröstung«, die unsere Umwelt gewöhnlich für Trauernde bereithält.

Im Schutzraum dieser Gruppen vermitteln Eltern, die bereits durch ihren tiefen Verlustschmerz und ihre Trauer hindurch zum Leben zurückgefunden haben, die Hoffnung, dass Weiterleben möglich ist. Neben Trauer, Schmerz und Ängsten werden auch Freuden und Zukunftspläne geteilt.

Aus geteilter Trauergeschichte wachsen verwaiste Eltern so in geteilte Lebensgeschichte hinein. Die Hilfe zur Selbsthilfe erfolgt zunächst weitestgehend in »begleiteten« Gruppen. In diesen wird auch Beratung – und wo nötig therapeutische Hilfe – angeboten oder in Zusammenarbeit mit Menschen aus helfenden Berufen sorgsam vermittelt. So entsteht ein Netz von Beziehungen, Verbindungen und Kontakten, das sich – auch über die Gruppentreffen hinaus – als notwendig und hilfreich erweist.

»Initiative Regenbogen« und »Glücklose Schwangerschaft e.V.« sind Selbsthilfegruppen für Eltern, die ihr Kind durch Fehl-, Früh- oder Totgeburt oder kurz nach der Geburt verloren haben.

Regelmäßig trifft sich ein Kreis von betroffenen Frauen und Männern, die anderen Eltern ihre Hilfe durch Erfahrungsaustausch und Gespräche anbieten möchten. Über den gemeinsamen Trauerweg, den »verwaiste Eltern« gemeinsam gehen, haben sich – manchmal erst nach Jahren – Freundschaften gebildet mit dem Ziel, neue Wege zu suchen, dem Leben ohne das verlorene Kind wieder einen Sinn zu geben, glücklich zu werden, ohne dabei das verstorbene Kind zu vergessen.

Alle Erfahrungen zeigen, wie wichtig es ist, dass Eltern, die ein Kind – gleich in welcher Schwangerschafts- oder Lebenswoche – verloren haben, diesen Verlust erst verarbeiten müssen, um wieder in einen geregelten Lebensrhythmus hineinzufinden.

Eltern, die ein Baby durch einen Schwangerschaftsabbruch nach medizinischer Indikation verloren haben, werden ebenso in den Kreis trauernder Eltern einbezogen wie Frauen, deren Verlust schon länger zurückliegt.

Spezielle Probleme und Fragestellungen im Rahmen der Gesprächskreise werden im Bedarfsfall an Ärzte und Psychologen weitergeleitet.

2. Die Trauer eines verwitweten Mannes

Die Trauer von Männern wird in unserer Gesellschaft stark tabuisiert. Man vermeidet es, mit trauernden Männern über ihre Gefühle zu sprechen. Häufig scheint es, als ob Männer im Gegensatz zu Frauen nicht trauern müssten oder könnten. Schnell entstehen Vorurteile.

Tatsache ist aber, dass Männer ebenso intensiv trauern wie Frauen. Allerdings benutzen sie andere Ausdrucksformen für ihre Trauer.

Während Witwen meist ihren Gefühlen nachgeben können, Trost und Rat bei Bekannten oder Ärzten suchen, fällt es gerade Männern der älteren Generation schwer, sich schwach zu zeigen. Sie sind es nicht gewohnt, sich Hilfe zu holen, und neigen dazu, sich von ihrem Umfeld zurückzuziehen.

Der typische Mann beschäftigt sich weniger mit seinen Gefühlen, mit seinem »Innenleben«, auch aus Angst vor Kontrollverlust. Da Männer sich als »Macher« verstehen, liegt es ihnen fern, sich Hilfe von außen zu holen. Das zeigt sich auch in Trauergruppen, an denen ab und zu auch mal ein »Quotenmann« teilnimmt.

Hendrik, 48, der seine Frau infolge eines Unfalls verlor:

»Zweimal war ich in einem Trauerseminar. Es waren elf Frauen dort und mit mir zwei Männer. Ich habe gespürt, dass es mit einer solchen Überzahl von Frauen nicht passt, weil die anders fühlen und die Dinge auch verbal sehr schnell auf den Punkt bringen. Dann fühlen sich Männer, die nicht so gut Gefühle formulieren können, noch hilfloser und unterlegen.«

In der Trauer wird auch ein Mann in extremer Weise mit sich selbst konfrontiert.

Eine zusätzliche Last besteht für ihn darin, nunmehr sein Leben, seinen Haushalt allein organisieren zu mussen. Ältere Witwer sind meist hilflos und mit einkaufen, waschen, bügeln, kochen und putzen überfordert. Die meisten müssen es erst lernen, auf »Selbstversorgung« umzuschalten, weil in der klassischen Rollenverteilung die Frau den ganzen Haushalt bewältigt hat.

Aber noch schwieriger, als den Alltag allein zu organisieren, ist es für Männer, sich mit dem Tod der Partnerin abzufinden. Es gibt Witwer, die unter dem Verlust und dem Alleinsein so sehr leiden, dass sie erkranken, ihren Lebenswillen verlieren. Studien belegen, dass bei etwa einem Drittel der Verwitweten nach dem Verlust des Partners depressive Störungen auftreten, die das kardiale Risiko erhöhen. Im ersten halben Jahr nach dem Tod eines Partners sterben 15 bis 30 % der hinterbliebenen Personen ebenfalls.[10]

Ein Beispiel:

Kurt J. war weit über fünfzig Jahre mit Lotti verheiratet. Fünfzig Jahre Ruppigkeit, Nörgelei, Geschrei. Weiß Gott, leicht hatten es die beiden nicht miteinander. Und doch blieben beide bis ins hohe Alter rüstig. Und dann stirbt Lotti ohne Vorwarnung am ersten Weihnachtstag. Kurt J. bricht zusammen. Er, den seine Frau nie weinen sah, heult und weint, Tag und Nacht. Tagelang, Wochenlang. Er schläft nicht mehr. Er isst nicht mehr. Er geht nicht mehr nach draußen. Und am Geburtstag von Lotti im Februar stirbt auch er.

10. www.cardiologe.de/patient/risiko/sonstige/partnverlt_mort.htm

»Innerhalb einer Stunde war alles vorbei«, sagt Axel J. Ohne jede Vorwarnung starb seine Ehefrau infolge eines Herzinfarktes nach 33 gemeinsamen Jahren. Beide waren gerade erst Rentner geworden und wollten nun viel reisen und es sich gut gehen lassen. *»Ich bin in ein tiefes Loch gefallen«*, erinnert sich der 64-Jährige. Alles war abgeschnitten: Keine gemeinsamen Aktivitäten mehr, keine Gespräche, immer allein im Haus und immer die bange Frage: *»Wie soll ich damit fertig werden?«*

Es tut auch Männern gut, sich auf einen Trauerweg einzulassen, der zu einer Verarbeitung und Veränderung führt. Das schließt die Annahme der männlichen Besonderheiten im Falle eines so harten Lebenseinbruchs ein. *»Ich bin mir nicht sicher, wie es mir geht«* – so äußerte sich ein Mann über seine männliche Trauer.

In einem Trauerseminar beschreibt Wofgang S. seinen Verlust:

»Unsere Ehe war sehr harmonisch und erfüllt von Liebe zueinander. Wir gingen gemeinsam durch alle Höhen und Tiefen und blieben dabei immer füreinander da. Eines Tages fand ich meine Sabine auf dem Bett liegend in einem epileptischen Zustand. Es ging alles schnell, ich verständigte geistesgegenwärtig den Notarzt, der fünf Minuten später vor Ort war. Meine Frau wurde ins Krankenhaus gebracht, untersucht, sofort danach operiert und man versuchte mir klarzumachen, dass sie eine Hirnblutung hat und niemand dazu bereit war, eine Prognose zu wagen. Als ich Sabine völlig hilflos und an vielen Schläuchen und Geräten angeschlossen liegen sah, da wurde ich von Angst und Panik erfasst. Mir wurde bewusst, dass ein

Leben ohne sie für mich unvorstellbar ist. Über Wochen gab es weder Verschlechterungen, aber auch keine Verbesserungen. Ihre Werte waren in Ordnung und auf meine Bitte, die Handynummer zu notieren, da ich nicht immer vor meinem Telefon hocken konnte und endlich einmal einkaufen musste, wurde ich beruhigt, dass die Phase vorbei sei, in der man mit dem Schlimmsten rechnen musste.
Gerade, als ich das erste Mal seit fünf Tagen normal einschlafen wollte, kam ein Anruf vom Krankenhaus, ich sollte doch vorbeikommen, da es meiner Frau schlechte gehe. Innerhalb von zehn Minuten war ich im Krankenhaus, aber zu spät, denn meine Frau war schon tot.
In den Tagen danach weinte ich einfach nur so, wenn ich ein Lied hörte, das mich an sie erinnerte. Ich hatte große Angst, alleine zu sein. Ich dachte nur an sie, versuchte aber, mich mit irgendetwas abzulenken. Mit den organisatorischen Dingen, die mit einer bevorstehenden Beerdigung verbunden sind, hatte ich gut zu tun. Im Rückblick kann ich sagen, dass es mir erst nach der Beerdigung richtig schlecht ging.
Ich bedaure alle Männer, die ihre Frau nach zig Jahren verlieren, weil man in den vielen gemeinsamen Jahren eins wird und der Verlust der Partnerin eine Amputation eines gemeinsamen Teils der Persönlichkeit darstellt. Als Witwer bleibt man allein zurück, und dennoch muss das Leben weitergehen, aber anders. Nichts wird mehr so sein, wie es war. Mein Leben muss irgendwie weitergehen und die Zeit wird zeigen, wie. Ich bin Sabine auch nach Monaten noch in Liebe verbunden und kann sie nicht vergessen. Dennoch muss mein Leben weitergehen.«

Helmut J.:

»Ich habe vor gut 2 1/2 Jahren meine Lebensgefährtin – nach 23 Jahren Beziehung, davon neun Jahre mit Krebs – verloren. Aus Trauer sollte Erinnerung werden – aber auch die tut weh. Ich stehe zu meiner Trauer – auch wenn sie einem manchmal den Boden unter den Füßen wegzieht. Sehr geholfen hat mir allerdings die aktive Trauerarbeit in einer von einer Trauerbegleiterin betreuten Gruppe. Das Sprichwort »Geteiltes Leid ist halbes Leid« trifft hier wirklich zu. An dieser Stelle herzlichen Dank auch an die Teilnehmerinnen und Teilnehmer der Gruppe. Neben mir hat sich nach einem Jahr leider nur noch ein Mann in die Gruppe getraut. Aus der Gruppe ist mittlerweile ein Stammtisch geworden, untereinander haben sich Freundschaften entwickelt und es wird etwas zusammen unternommen: Ausflüge, Besuche von Ausstellungen etc.«

Hilfen für trauernde Witwer

- Akzeptieren Sie Ihre Trauer und versuchen Sie, Ihrer Trauer Raum und Ausdruck zu geben. Tun Sie sich keinen Zwang an, indem Sie nach außen versuchen, »gefasst« zu sein. Nehmen Sie sich Zeit zu weinen. Auch Witwer dürfen weinen.
- Reden Sie über Ihren Verlust, auch in der Familie und versuchen Sie nicht, andere durch Schweigen zu schützen. Suchen Sie einen Freund, mit dem Sie sprechen können, jemanden, der zuhören kann und nicht gleich ein Urteil fällt, am besten jemanden, der Ähnliches erlebt hat.

- Beschäftigen Sie sich. Erledigen Sie eine sinnvolle Arbeit, die Ihre Gedanken in Anspruch nimmt. Vermeiden Sie aber hektische Aktivitäten.
- Schließen Sie sich Selbsthilfegruppen an oder suchen Sie nach Trauerseminaren für Männer, um sich mitzuteilen, Verständnis zu finden und Unterstützung zu erfahren. Manchmal erwachsen Freundschaften daraus.
- Verschieben Sie wichtige Entscheidungen. Warten Sie, bevor Sie sich z. B. entschließen, Ihr Haus zu verkaufen oder Ihre Arbeitsstelle aufzugeben.
- Internetportale wie z. B.: www.verwitwet.de eröffnen die Möglichkeit, sich mit anderen Witwern auszutauschen und dabei festzustellen, dass man mit seiner Trauer nicht allein ist.
- So tief Ihre Trauer auch sein mag, Sie sind nicht allein. Andere haben dasselbe auch erlebt und werden Ihnen helfen, Ihre Last zu tragen, wenn Sie ihnen dies nur erlauben. Verweigern Sie sich nicht. Lehnen Sie das Angebot nicht ab, es gehört immer Mut dazu, Hilfe anzunehmen.
- Hilfreich kann es auch sein, Bücher über Trauer zu lesen. Inzwischen gibt es auch Literatur männlicher Autoren über die Trauer von Männern (s. Anhang, Weiterführende Literatur).

3. Witwen trauern anders

Wer seinen Partner verliert, erlebt einen jähen Absturz aus der Zweisamkeit in die Einsamkeit. Obwohl jedem bewusst ist, dass zum Leben auch der Tod gehört, wird dieses einschneidende Ereignis jedoch von den meisten Menschen verdrängt. Denn in einer Gesellschaft, die dem Jugendlichkeitswahn frönt, ist kein Platz für Sterben und Leid. In Deutschland gibt es ungefähr sechs Millionen verwitwete Menschen. Niemand kann wirklich ermessen, wie viel Schmerzen und wie viel Leid die Verwitweten ertragen mussten.

Ich möchte von Betroffenen aus meinen Trauerseminaren berichten, und darüber, welche unterschiedlichen Etappen zu bewältigen sind, wenn ein Leben zu zweit zu Ende geht, und wie viel Mut und Energie erforderlich sind, um etwas Eigenes zu entwickeln.

Verwitwete Frauen bleiben oft über Jahrzehnte allein. Wenn der Mann tot ist, dann gehört die Frau auch schon ein bisschen zum Schattenreich. Witwer dagegen wollen möglichst bald eine neue Beziehung eingehen.

Witwen tragen heute kein Witwenhäubchen mehr und kaum noch die Trauerfarbe »Schwarz«. Sie sind als Witwen für andere nicht zu erkennen.

In meinen Seminaren »*Witwen trauern anders*« haben Frauen, die ihren Partner verloren haben, die Möglichkeit, über ihre Trauer und ihren Weg aus der Trauer zu sprechen und sich auszutauschen. Was in den Seminaren immer wieder zum Ausdruck kommt, ist: *Witwen trauern anders als Witwer und haben auch andere Ausdrucksformen, ihre Gefühle mitzuteilen.*

Frauen sind eher dazu bereit, über ihren Verlust zu reden, Männer dagegen versuchen, *»über den Dingen zu stehen«*, sich ihre Trauer nicht anmerken zu lassen und alles mit sich selbst auszumachen. Vor allem ältere Witwer vernachlässigen häufig sich und ihre Kontakte und vereinsamen.

Witwen sind – im Gegensatz zu Witwern, die immer »stark« sein müssen – eher dazu bereit, sich zu öffnen, ihre Trauer zuzulassen, wann immer sie an die Oberfläche kommt und sie in ihr Leben zu integrieren. Frauen sind gesundheitsbewusster als Männer und wissen intuitiv: *»Die Trauer muss raus, sonst macht sie krank.«* Deshalb sind sie auch eher dazu bereit, »Trauerarbeit« zu leisten und sich ihrem Verlustschmerz zu stellen. Witwen entdecken auf ihrem Trauerweg Dinge, die ihnen Spaß machen und für die sie sich engagieren. Sie finden eher Kontakte zur Außenwelt und erhalten dadurch eine Chance für ein Leben »danach«, das anders ist, aber durchaus auch schön und inhaltsvoll sein kann.

Ich möchte Frauen porträtieren, deren Ehemänner plötzlich aus dem Leben gerissen wurden.

Charlotte B., 67, sucht Trost in **Ritualen** und Erinnerungen. Sie besucht täglich das Grab ihres Mannes, schmückt seine Fotos im Haus mit frischen Blumen und Kerzen oder macht eine Radtour, wie sie es früher immer gemeinsam mit ihrem Partner getan hat. *»Das Glück ist fort«* – das ist ihr bitteres Resümee. Charlotte B., die sich schon vor dem Tod ihres Mannes in vielen **Ehrenämtern** engagiert hat, will jetzt erst recht Trost und Kraft in ihrer Arbeit finden. Sie engagiert sich beim Sozialdienst katholischer Frauen und setzt sich schwerpunktmäßig für minderjährige Mütter ein.

Margot N. wäre ihrem Mann am liebsten hinterher gestorben. Fast vier Jahrzehnte hatte sie an seiner Seite verbracht, beide hatten Pläne für die Zeit nach dem Berufsalltag. *»Der Schmerz ist so groß, dass man meint, ihn nicht überleben zu können«*, sagt sie in einem Trauerseminar. Die Teilnahme an **Trauerseminaren** in einem so genannten Trauercafé habe ihr geholfen. Daneben widmet sie sich lange vernachlässigten **Hobbys** (Malen, Musizieren) aus der Zeit vor ihrer Ehe. Eigene Ressourcen zu entdecken, schafft wichtige Impulse. Mittlerweile hat sich Margot N. selbst zur **Trauerbegleiterin** ausbilden lassen und hilft mit ihrer Erfahrung anderen über den Verlust eines geliebten Menschen hinweg.

Ihr Fazit:

»Ich habe gelernt, Trauer zuzulassen, ich integriere sie in mein Leben. Die Trauer muss raus, sonst macht sie krank. Man muss das Trauertal durchwandern mit offenen Augen und Sinnen. Ein ganzer See muss ausgeweint werden.« Mit der Zeit werden die Tränen seltener, aber wenn sie kommen, so die Witwe, *»dann begrüße ich sie wie meine Freunde«*.

Isolde A., 57:

»Ich bin 57 Jahre, Mutter von drei Kindern und Großmutter von vier Enkelkindern, habe meinen Mann vor neun Jahren an Krebs verloren, bin danach selbst an Krebs erkrankt und leite seitdem ehrenamtlich Selbsthilfegruppen der Psychosozialen Krebsnachsorge.

Nicht genug des Leids: Nach dem Tod einer Betroffenen, die ich im Krankenhaus besucht habe, lernte ich den Witwer kennen und durch unzählige Gespräche konnte ich ihm helfen, die Trauer zu verarbeiten. Aus unseren Gesprächen Ist Freundschaft geworden und ganz behutsam eine wunderbare, innige Liebe entstanden. Seit gut vier Jahren erlebten wir eine, wie wir sagten, letzte große erfüllende Liebe.
Es ist kaum zu beschreiben, was jetzt in mir ist. Vor 6 Wochen wurde dieser kerngesunde, sportliche, vitale, wunderbare Mann auf einer Fahrradtour von einem LKW angefahren, der den Radweg überquerte. Rettungshubschrauber, Unfallklinik, Koma, schweres Schädel-Hirn-Trauma, innere Verletzungen. Jeden Tag saßen sein Sohn und ich im Wechsel an seinem Bett, die ersten Zeichen des Erwachens erfüllten uns mit Hoffnung. »Ein langer Weg«, sagten die Ärzte, »und wir wissen nicht, wohin er führt.« Auch wenn mein über alles Geliebter mit Behinderungen oder Einschränkungen hätte leben müssen, wir hätten es geschafft, auch dabei Lebensqualität zu finden. Langsam kam er zurück von seinem langen Weg durch die Nacht. Wir konnten mit Gesten kommunizieren. Ich konnte ihm meine ganze Liebe und Zärtlichkeit und Hoffnung geben, auch wenn es manchmal unbeschreiblich viel Kraft kostete. Nach meinem letzten Besuch am 8. September 2004 verließ ich ihn in besonders hoffnungsvollen Gefühlen. Am selben Abend starb er.
Wieder einmal verlor ich den Boden unter den Füßen. Wieder einmal sah ich keine Perspektive, nur unendliche Trauer! Meine Kinder sind da, meine Enkelkinder, Freunde! Trotzdem bin ich fassungslos, erschüttert und voller Trauer.
Ich weiß, es passiert jeden Tag unzähligen Menschen und die Erde dreht sich weiter. Es tut aber gut zu wissen, dass man einen Schmerz mit vielen teilt. Jeder hat sein Schicksal zu tragen, zu

ertragen. Meine Kinder haben Angst um mich, ob ich gesund bleibe, oder ob mein Krebs jetzt wieder nach mir greift. Dann die bange Frage: »Werde ich es noch einmal schaffen, die Trauer zu verarbeiten?« Es wird schwer sein, denn ich habe meine Zukunft verloren und muss sie neu finden. Ich bin voller Trauer.«

Hildegard R., 63:

»Seit sechs Jahren bin ich Witwe. Mittlerweile komme ich gut alleine zurecht. Mit meinem Mann war ich 35 Jahre glücklich verheiratet. Natürlich hatte auch unsere Ehe ihre üblichen Höhen und Tiefen, doch insgesamt war es eine schöne Zeit. Vielleicht war der Abschied deshalb auch besonders schwer. Als mein Mann an einem Prostatakarzinom erkrankte, hatte ich fast bis zum Schluss die Hoffnung nicht aufgegeben, dass sich alles wieder zum Besten wenden würde. Doch dann ging alles relativ schnell. Der Krebs breitete sich in rasanter Geschwindigkeit aus. Die letzten zwei Jahre war mein Mann ans Bett gefesselt. Für mich war es selbstverständlich, die Pflege meines Mannes ausschließlich selbst zu übernehmen. Zuletzt ging die schwere körperliche Arbeit aber fast über meine Kräfte. Hinzu kam die seelische Belastung, meinen Mann so leiden zu sehen. Schlimm war auch die ungewisse Zukunft – was würde sein, wenn … Das Unvermeidliche trat ein. Mein Mann starb, als ich bei ihm war.
Die Zeit danach war furchtbar. Bis zur Beerdigung gab es viel zu tun. Zuerst fühlte ich keine Trauer, sondern lief eher wie betäubt umher. Dann fing ich an, mich ständig zu beschäftigten, um nicht in die Leere zu stürzen, die sich vor mir auftat. Erst nach der Beerdigung kam ich zur Besinnung. Das Alleinsein war das Schrecklichste und überall sah ich meinen Mann im Haus, spürte noch seine Gegenwart. Nach so vielen Jahren sind Eheleute

so miteinander verwachsen, dass einer zum Teil des anderen wird. Ich empfand mein Leben als leer und sinnlos. Unsere beiden Kinder waren längst erwachsen und führten ihr eigenes Leben. Die beiden kamen im ersten halben Jahr häufig zu Besuch und versuchten, mir zu helfen. Vor allem sollte ich spüren, dass ich nicht alleine bin – nach dem Motto »geteiltes Leid ist halbes Leid«. Es war für alle Beteiligten keine leichte Zeit. Besonders die Familienfeste wie Geburtstage oder Weihnachten machten mir schmerzhaft deutlich, dass mein Mann nicht mehr in unserer Mitte war und dass nichts mehr so werden würde, wie es einmal war.

Meinen Kindern wollte ich nicht zur Last fallen. Da die ohnehin in der entfernten Großstadt leben, ging es für mich darum, einen neuen Anfang zu finden. In der eher dörflichen Gemeinde, in der ich lebte, wurde und wird Nachbarschaftshilfe noch großgeschrieben. Ich merkte, wie wichtig gute nachbarschaftliche Beziehungen und vor allem Freundinnen sind. Meine liebe Nachbarin Lilly hat mich durch die schlimmste Phase meiner Trauerzeit begleitet und mich aus meinem Schneckenhaus herausgeholt. Oft war ich gar nicht ansprechbar und wollte mit niemandem reden. Lilly merkte, dass ich menschliche Nähe und Zuwendung brauchte. Sie hat nie nachgelassen, sich um mich zu bemühen, obwohl ich sie anfangs gar nicht ins Haus ließ und schon an der Haustüre abfertigte. Ihre Frage »willst du mich denn nun gar nicht mehr reinlassen?« öffnete eines Tages die Tür für vorsichtige Gespräche. Über gemeinsame, schöne Erinnerungen konnten wir langsam und vorsichtig auch einmal über die Trauer oder Einsamkeit sprechen. Ich weigerte mich lange Zeit hartnäckig, mich mit Vielem auseinanderzusetzen. Oft fiel mir die Decke auf den Kopf. Nachhausekommen bedeutete für mich, sich mit der Leere meines Hauses auseinanderzu-

setzen. Ich begann die Flucht nach vorn und unternahm mit einer Freundin mehrere Reisen. Tunesien, Italien – plötzlich hatte ich Zeit und entdeckte, dass ich durch die Krankheit meines Mannes auch Vieles entbehrt hatte. Einen Ausflug, den ich in den Harz unternahm, musste ich vorzeitig abbrechen. Zu viele Erinnerungen begleiteten mich auf allen Wegen, die ich damals mit meinem Mann erwandert hatte. Wieder zu Hause angekommen, erlitt ich einen Herz-Kreislauf-Kollaps und wurde mit Herz-Rhythmus-Störungen in die Intensivstation des Krankenhauses eingeliefert. Im Nachhinein betrachtet, war es für mich eine deutliche Warnung, denn ich musste begreifen, dass es höchste Zeit war, mich der neuen Lebenssituation zu stellen.

Etwa eineinhalb Jahre nach dem Tod meines Mannes besann ich mich darauf, meine Hobbys wieder aufzunehmen. Ich ging wieder zu meinem früheren Kegelverein und interessierte mich für Neues: Bei der Volkshochschule belegte ich verschiedene Kurse, unter anderem Tai Chi. Diese chinesische Kampfsportart mit ihren ruhigen, harmonischen Bewegungsabläufen begeisterte mich schon seit langem. Gut tat mir die absolute Konzentration, die für die vielfältigen Übungen notwendig ist. Auch die Tanzgruppe mit netten Frauen aller Altersgruppen oder die ehrenamtlichen Aktivitäten für die Kirche möchte ich heute nicht mehr missen. Ich lese gerne, kümmere mich gern um Haus und Garten und musste einiges hinzuzulernen. Mit gestärktem Selbstbewusstsein schaue ich heute zufrieden zurück. Die Zeit hat mir geholfen, den Schmerz zu überwinden, obwohl etwas Trauer wohl immer zurückbleibt. Mein geliebter Mann wird mir weiter fehlen und natürlich körperliche Nähe und Zuwendung. Ich werde oft gefragt, ob ich mir vorstellen könnte, jemals eine neue Beziehung einzugehen. Ich denke, dass das allein von dem Mann abhängen wird, dem ich begegne. Doch fest steht schon heute, zusammenziehen würde ich mit keinem Mann mehr!«

Was aber hilft, wenn Trauer chronisch geworden ist? Doris ist 63 Jahre alt. Ihr Mann ist während eines gemeinsamen Urlaubs in der Karibik im Urlaub beim Hochseefischen über Bord gegangen und wurde nie geborgen. Doris war nicht dabei, sondern bekam die traurige Nachricht von anderen Teilnehmern der Gruppe mitgeteilt. Obwohl Rettungsaktionen aller Art eingeleitet wurden, blieb ihr Mann verschollen, seine Leiche hat man nie gefunden. Das alles liegt nun schon über 20 Jahre zurück.

Die Todesnachricht hat sie nie wirklich akzeptiert und nie erhielt sie wirkliche Klarheit über dieses Unglück. Deshalb hoffte sie stets, dass ihr Mann eines Tages zurückkommen würde. Das Wort »verschollen« interpretierte sie für sich so, dass ihr Mann immer noch zurückkommen könnte. Die Endgültigkeit des Todes konnte Doris deshalb nie akzeptieren. Seit nun schon über 20 Jahren wartete sie darauf, dass ihr Mann zurückkehrt. Und diese 20 Jahre waren für Doris eine Zeit voller Verzweiflung, Resignation, Verlassenheitsgefühlen, Ungeduld, Hoffnung und Hoffnungslosigkeit gewesen. Das Schlimmste aber war für sie die innere und äußere Einsamkeit und die Isolation, denn während des illusionären Wartens verpasste sie auch das Trauern.

Seit dem Verlust ihres Mannes vor über 20 Jahren konnte Doris keine Nacht mehr durchschlafen und wurde geplagt von Ängsten, Nervosität und chronischen Kopfschmerzen, gegen die sie tagtäglich viele Tabletten schluckte.

Eines Tages empfand sie einen so starken Leidensdruck, dass sie sich dazu entschloss, ein **Trauerseminar** zu besuchen, weil ihre Nachbarin, die über Jahrzehnte ihre »Klagemauer« war, plötzlich, ohne vorher krank gewesen zu sein, an einem Herzinfarkt verstorben war. Und dieser plötzliche Tod ihrer Bezugsperson brachte Doris völlig durcheinander. Sie merkte, dass es ihr nach dem Tod ihrer Nachbarin körperlich und seelisch schlechter ging als je zuvor. Sie wunderte sich über sich selbst und konnte es nicht verstehen, dass sie plötzlich in Tränen ausbrach, in der Straßenbahn, bei Freunden, auf der Straße, im Kaufhaus, obwohl sie keine besondere Bindung zu dieser Nachbarin hatte. Doris fühlte sich stark verunsichert und konnte die Welt nicht mehr verstehen. Sie hatte eine wichtige Motivation, sich auf ein Trauerseminar einzulassen: Sie erwartete, dass das Seminar ihr dabei helfen möge, diese unkontrollierten Trauerausbrüche abzustellen.

Aus ihrer Erzählung erfuhren wir in der Trauergruppe, dass sie in ihrer Wohnung seit über 20 Jahren nichts geändert hat, weder im Schrank noch im Ehebett. Nachts, wenn sie sich schlafen legt, legt sie wie eh und je ihre Hand auf das Kissen neben ihrem Bettteil und sagt zum Hans: »*Gute Nacht, schlaf gut.*« Wenn sie aus der Stadt nach Hause kommt, begrüßt sie, wie immer ihren Mann: »*Hallo Schatz, ich bin wieder da!*« Ähnliche Selbstgespräche führt sie mit ihm ab und zu auch beim Abendessen, wenn sie noch einen zweiten Teller auf den Tisch stellt. »*Lass es dir gut schmecken. Guten Appetit!*«

Zum Friedhof ist sie nie gegangen, auch nicht, wenn im November die Trauer- und Gedenktage anstanden. »*Was soll ich da, er ist ja nicht begraben. Er lebt vielleicht noch, und er wird irgendwann kommen.*«

Nachdem andere ihre Trauergeschichte erzählt hatten, erwähnte sie den Verlust ihrer Nachbarin, betonte aber, dass dieser Verlust ihr nicht viel ausmache. Als Motivation, am Seminar teilzunehmen, formulierte sie: *»Ich möchte begreifen lernen, warum ich so traurig bin und weinen muss, obwohl ich für den Tod meiner Nachbarin nichts empfinden kann.«*

Das erste Wochenende des Seminars blieb Doris »Zuschauerin« beim Trauergeschehen der anderen. Aber sie meldete Zweifel an, ob ihrer sonderbaren Trauer hier wirksam begegnet werden könne.

Im Laufe der Zeit fasste Doris immer mehr Vertrauen und merkte auch, dass die Trauergruppe ihr guttat und ihre körperlichen Symptome abnahmen. Ihr wurde bewusst, dass sie etwas nachzuholen hatte und erklärte sich bereit, an ihre verdrängte, unerledigte Trauer heranzugehen.

Doris wurde es Stück um Stück möglich, sich mit der lang verschleppten Trauer auseinanderzusetzen. Sie konnte in ein virtuelles Zwiegespräch mit ihrem verschollenen Mann treten und ihm von ihrer Enttäuschung erzählen, dass er sie so unendlich viele Jahre warten ließ und gleichzeitig ihre Wut und ihre Schuldgefühle loswerden. *Damit realisierte sie symbolisch, dass er tot ist und nie mehr zurückkommen wird.* Diese Erfahrung ermöglichte es ihr, einen Zugang zum Trauerschmerz zu finden, und das wiederum bedeutete, dass ihre versteinerte Trauer, die sie krank gemacht hatte, endlich zum Fließen kommen konnte. Dieses Fließen bedeutet Lebensenergie, um Entscheidungen für eine Neuorientierung treffen zu können. Danach konnte sie vor den anderen von ihrem Mann Abschied nehmen und etwas zu Ende bringen.

- Für die Trauerverarbeitung von Frauen ist wichtig: reden, reden und nochmals reden. Frauen bereinigen ihre Gefühle übers Sprechen, das therapeutische Wirkung hat. Wichtigste Hilfe für Witwen ist ihr soziales Netz, um in der Trauer aufgefangen zu werden und Ansprechpartner zu haben, die sich immer wieder gleiche Geschichten anhören, Trost spenden und ermutigen,
- wer über keine Netzwerke verfügt, kann sie sich den eigenen Bedürfnissen entsprechend schaffen durch Besuch von Trauercafés, Selbsthilfe- oder Trauergruppen,
- Internetportale wie z. B.: www.verwitwet.de eröffnen die Möglichkeit, sich mit anderen Witwen auszutauschen und dabei Freunde zu gewinnen, die einen verstehen,
- viele Witwen bewältigen ihre Trauer durch organisierte Trauerreisen (*TrauDichReisen*, Adresse s. Anhang),
- gerade Frauen schätzen die Symbolkraft von Ritualen (s. oben), die die Trauerverarbeitung unterstützen und das Loslassen erleichtern,
- Witwen sind auch eher bereit, sich auf Trauer einzulassen und bedienen sich häufiger als Männer spiritueller Bücher, aus denen sie Trost und Kraft schöpfen,
- nicht zuletzt eröffnet der Glaube ein wichtiges Potenzial.

4. Auch Kinder trauern

Auch Kinder machen bereits Erfahrungen mit Sterben, Tod und Trauer.

Der Schriftsteller Walter Benjamin hat einmal gesagt: *»Es gibt für die Menschen, wie sie heute sind, nur eine radikale Neuigkeit – und das ist immer die gleiche: der Tod.«* Tatsächlich ist wohl jeder von uns ohnmächtig und hilflos, wenn er mit dem Tod eines nahe stehenden Menschen konfrontiert wird. Nicht nur Erwachsenen fällt es schwer, mit einem solchen endgültigen Verlust umzugehen. Kinder erschüttert ein solches Ereignis zutiefst. Der Tod eines Elternteils, eines Geschwisters, der Großeltern oder eines geliebten Haustiers ist für sie ein Einbruch in ihrem Leben, der alles Bisherige ins Wanken bringt.

Obwohl wir Erwachsene schon häufiger dem Tod begegnet sind, sind wir meist hilflos, erst recht, wenn Kinder trauern. Der erste Impuls vieler Erwachsener ist, Kinder vor der Begegnung mit dem Tod zu schützen. Wir wissen oft nicht, was wir unseren Kindern sagen sollen, wenn ein Haustier, Opa, Oma, ein Elternteil, Bruder oder Schwester gestorben ist und wenn Kinder mit all ihren **Fragen** kommen: Warum sterben Tiere oder Menschen? Woran sterben Menschen überhaupt? Wie ist es, wenn man tot ist? Was geschieht mit den Toten? Wohnen Tote im Himmel und gibt es ein Leben nach dem Tod? Kommen Hunde und Wellensittiche auch in den Himmel? Was hat das Leben überhaupt für einen Sinn, wenn man doch eines Tages sterben muss? Was passiert eigentlich, wenn man stirbt?

Wie erklärt man kleineren Kindern den Tod?

Die Todesvorstellungen von Kindern entwickeln und verändern sich mit fortschreitendem Alter. Für kleine Kinder, zwischen drei und fünf Jahren, ist der Tod noch nichts Endgültiges. Das tote Tier, der verstorbene Mensch ist für Kinder dieser Altersgruppe nur weggegangen oder eingeschlafen. Als die bekannte Ärztin und Sterbeforscherin Kübler-Ross mit ihrer 4-jährigen Tochter den Hund der Familie begrub, sagte das Kind: *»Im Frühling, wenn die Tulpen kommen, dann kommt er wieder und spielt mit mir.«* Mit sechs bis neun Jahren beginnen Kinder allmählich den Unterschied zwischen »tot« und »lebendig« zu realisieren und sie begreifen die Endgültigkeit des Todes. In dieser Zeit quält sie manchmal die Angst vor dem Tod der Eltern. Sie interessieren sich für tote Tiere, Friedhöfe, Beerdigungen und Todesanzeigen. Der Gedanke, dass der Körper eines toten Tieres oder Menschen zerfällt, ist den meisten Kindern so unerträglich, dass sie an eine Unsterblichkeit zu glauben beginnen. Der eigene Tod ist für sie aber immer noch weit weg. Ab etwa zehn Jahren erkennen Kinder, dass alle Lebewesen irgendwann sterben müssen – auch sie selbst – und dass fast immer Alter und Krankheiten dem Sterben vorausgehen. Sie begreifen den Tod als endgültigen Schlusspunkt des Lebens.

Viele alltägliche Situationen eignen sich dazu, Kinder schon früh mit Abschiednehmen und Sterben vertraut zu machen, z. B. wenn man die **Kreisläufe in der Natur** erklärt: Blätter fallen im Herbst vom Baum, zersetzen sich und geben ihre Nährstoffe dem Baum zurück, der im Frühling wieder neue

Blätter austreiben kann. Verblühte Blumen im Garten werden abgeschnitten und kompostiert, um als Dünger dem Wachstum neuer Pflanzen zu dienen usw.

Auch das Durchblättern von **Fotoalben**, in denen Bilder von verstorbenen Verwandten und Haustieren aufbewahrt werden, ist eine Gelegenheit, über den Tod zu sprechen und sich zu erinnern. Das Kind bekommt auf diese Weise eine Ahnung davon, dass Tote in den Gedanken und in der Erinnerung ihrer Angehörigen weiterleben können.

Es ist bei derartigen Gesprächen nicht schlimm, wenn wir Erwachsenen zugeben müssen, dass wir selbst oft ratlos sind und auch, dass es auf manches Warum? keine Antwort gibt.

Für kleinere Kinder ist Tod etwas sehr Abstraktes. Kindern im Grundschulalter kann man aber sehr gut in Form von **Geschichten** den Tod erklären:

Der alte Bär muss Abschied nehmen

von Udo Weigelt und Cristina Kadmon[11]

Der Hase ruft die Tiere des Waldes zusammen, denn der alte Bär ist sehr krank. Als dieser merkt, dass alle vor seiner Höhle stehen, ruft er sie hinein. Er möchte Abschied nehmen, denn er weiß, bald wird er sterben. Der kleine Fuchs möchte das nicht so einfach hinnehmen und auch wissen, was nach dem Tod ist. So spricht er noch einmal mit dem Bären, doch eine klare Antwort kann dieser ihm nicht geben.

11. Aus: Udo Weigelt und Cristina Kadmon, Der alte Bär muss Abschied nehmen, Nord-Süd Verlag, 2003.

Nachdem der Bär gestorben ist, erhält jedes Tier ein Andenken. Ihr Treffen einige Tage später, bei dem sie vom Bären erzählen, tut allen gut. Da kommt ein junger Bär aus dem Wald, er sucht ein neues Zuhause.

Ganz offen wird hier das Thema Tod behandelt. Nichts wird beschönigt, nichts verheimlicht und nichts verniedlicht. Dass Tiere die handelnden Figuren sind und in der Vergangenheit erzählt wird, bietet den Kindern Abstand zu ihrer direkten Lebenswelt und somit einen Schonraum.

Der Dachs wacht über den Bären und mahnt die Tiere zur Ruhe und sie halten sich daran, auch als der Bär sie ruft, weil es so ungewöhnlich still ist. Ein natürliches Gefühl für Anstand, das nicht mehr selbstverständlich ist. Ab dem Zeitpunkt, als die Tiere die Höhle betreten, geht der Autor offen an das Thema Sterben heran. Einige Tiere erschraken sogar ein bisschen, weil er so verändert war, und der kleine Fuchs, dem alles so fremd ist, stellt all die Fragen, die auch einem Kind in diesem Moment durch den Kopf gehen würden.

Der Bär jedoch spricht zunächst, wie es die meisten Erwachsenen tun, in Bildern. So brauchen die Tiere einen Moment, bis sie verstehen, von welcher Reise, die er nun antritt, der Bär spricht. Dann werden viele der Aspekte angesprochen, die einen Menschen in Bezug auf den Tod beschäftigen:

- der Sterbende möchte Abschied nehmen,
- diejenigen, die zurückbleiben, meinen, der Sterbende könne sie nicht so einfach alleine lassen,
- man kann sich den Zeitpunkt des Todes nicht aussuchen,
- der Sterbende findet seinen Tod nicht schlimm, er ist nur sehr müde,

- man ist wütend, dass ein geliebtes Wesen weg ist,
- man will sich das Leben ohne den Toten nicht vorstellen,
- warum stirbt man?
- was passiert nach dem Tod mit dem Verstorbenen?

Auf die letzte Frage gibt der Bär eine schwierige Antwort: »*Das weiß niemand so ganz genau*« und der nennt zwei Vorstellungen. Zum einen, dass man einfach nur schläft, zum anderen, dass man in den Himmel kommt, wo man alle wieder trifft, und aufgrund eines Traumes, den er hatte, glaubt er daran.

Das Buch behandelt auch die Trauer. Als der Bär gestorben ist, gehen alle Tiere noch einmal zu ihm und streicheln seine Pfote. Die meisten Erwachsenen wünschen sich diese letzte Berührung, aber wer gesteht sie Kindern zu? Auch auf Wunsch des Bären erhält jeder vom Dachs noch ein Erinnerungsstück. Der kleine Fuchs will es erst gar nicht, denn er weiß, er wird sich auch so immer an den Bären erinnern. Doch als er erfährt, dass es der Wunsch des Bären war, dass er den Ball nimmt, drückt er ihn fest an sich. Die Tiere beerdigen den Bären, indem sie einen Stein vor seine Höhle rollen und den Platz davor mit Blumen schmücken. Sich noch einmal zu treffen und von dem Bären zu erzählen, hilft gegen den Schmerz des Verlustes. Auch dies ist ein Vorgehen, das von den Menschen selten praktiziert wird, aber gerade Kindern helfen kann.

Die Illustrationen geben das Geschehen im Text wieder. Sie sind in gedeckten Farben gehalten und wirken sehr ruhig. Ein kleiner Ast über dem Erzähltext symbolisiert durch die Farbe seiner Blätter und herunterfallendes Laub die Lebenskraft des Bären und die Gefühle der Tiere. Über dem

Text zur Beerdigung und dem Treffen erwachsen aus ihm frische, kleine Blätter und ein Schmetterling kommt angeflogen.

Ein wunderbar offenes und trotzdem behutsames Buch zu einem schwierigen Thema, das schon mit Kindergartenkindern gelesen werden kann und auch für Erwachsene Trost und Denkanstöße bereithält. Ein sehr gutes Buch für einen Einstieg in das Thema Tod.

Es gibt eine weitere, einfühlsame Geschichte, die Kindern den Tod erklärt:

LEB WOHL, LIEBER DACHS

VON SUSAN VALERY[12]

Der Dachs war verlässlich, zuverlässig und immer hilfsbereit. Er war auch schon sehr alt, und er wusste fast alles. Der Dachs war so alt, dass er wusste, er würde bald sterben.

Der Dachs fürchtete sich nicht vor dem Tod. Sterben bedeutete nur, dass er seinen Körper zurückließ. Und da sein Körper nicht mehr so wollte wie in früheren Tagen, machte es dem Dachs nicht allzu viel aus, ihn zurückzulassen. Seine einzige Sorge war, wie seine Freunde seinen Tod aufnehmen würden. Er hatte sie schon vorbereitet und ihnen gesagt, irgendeinmal würde er durch den Langen Tunnel gehen. Er hoffe, sie würden nicht zu traurig sein, wenn seine Zeit gekommen war.

Eines Tages beobachte Dachs, wie der Maulwurf und der Frosch den Hügel hinunterliefen. Während er ihnen nachsah, fühlte Dachs sich ungemein alt und müde. Nichts hätte er sich

12. Susan Valery, Leb' wohl, lieber Dachs, Betz Verlag Wien, 1984.

mehr gewünscht, als mit seinen Freunden umherzutollen. Doch er wusste, dass seine alten Beine es nicht erlaubten. Er schaute den beiden lange zu und freute sich, dass sie so vergnügt waren.

Als er nach Hause kam, war es schon spät. Er sagte dem Mond gute Nacht und zog die Vorhänge vor der kalten Welt draußen zu. Langsam näherte er sich dem wärmenden Feuer, das tief unter der Erde auf ihn wartete. Er aß sein Abendbrot und setzte sich dann an den Schreibtisch, um einen Brief zu schreiben. Als er fertig war, ließ er sich im Schaukelstuhl neben dem Kamin nieder. Er schaukelte sanft hin und her und war bald eingeschlafen. Und er hatte einen seltsamen, doch wundervollen Traum, wie er ihn nie zuvor geträumt hatte.

Dachs lief. Zu seiner höchsten Überraschung lief er munter dahin. Vor ihm öffnete sich ein langer Tunnel. Seine Beine trugen ihn kräftig und sicher dem Tunnel entgegen. Er brauchte keinen Spazierstock mehr, also ließ er ihn liegen. Dachs lief leicht und behende, schneller und immer schneller durch den langen Gang, bis seine Pfoten den Boden gar nicht mehr berührten. Er fühlte, wie er kopfüber stürzte, wie er hinfiel und sich überschlug, aber er tat sich überhaupt nicht weh. Er fühlte sich frei. Es war, als wäre er aus seinem Körper heraus gefallen.

Am folgenden Tag versammelten sich seine Freunde vor dem Eingang am Dachsbau. Sie machten sich Sorgen, weil der Dachs nicht wie sonst herausgekommen war, um ihnen einen guten Morgen zu wünschen. Der Fuchs eröffnete ihnen die traurige Nachricht. Er sagte, dass Dachs tot sei. Dann las er ihnen den Brief vor. Darin stand nur: »Bin durch den langen Tunnel gegangen. Lebt wohl, Dachs.«

Alle Tiere hatten den Dachs lieb gehabt, und alle waren sehr betrübt. Besonders der Maulwurf fühlte sich allein und verlassen und furchtbar unglücklich.

Abends im Bett musste der Maulwurf immer an Dachs denken. Tränen liefen ihm über die samtene Nase hinab, bis die Bettdecke klatschnass war, die er zum Trost fest umklammert hielt. Draußen begann es zu schneien. Bald deckte eine dicke Schneeschicht die Behausungen der Tiere zu, in denen sie es die kalten Monate hindurch warm und gemütlich hatten. Der Schnee begrub das Land unter sich, aber er konnte die Traurigkeit nicht begraben, die die Freunde des Dachses erfüllte.

Der Dachs war immer zur Stelle gewesen, wenn ihn einer brauchte. Die Tiere wussten nicht, wie sie jetzt ohne ihn zurecht kommen sollten. Dachs hatte ihnen gesagt, sie sollten nicht traurig sein. Aber das war schwer. Als es anfing, Frühling zu werden, besuchten die Tiere einander oft und redeten von der Zeit, als Dachs noch lebte.

Der Maulwurf konnte besonders geschickt mit der Schere umgehen. Und nun erzählte er, wie Dachs ihn einst gelehrt hatte, aus einem zusammengefalteten Bogen Papier eine Maulwurfskette auszuschneiden. Er erinnerte sich, wie sehr er sich gefreut hatte, als ihm sein Meisterstück gelungen war: eine ganze lange Kette von Maulwürfen, die sich an den Pfoten hielten.

Der Frosch war ein glänzender Schlittschuhläufer. er erinnerte sich, wie Dachs ihm geholfen hatte, die ersten unsicheren Schritte auf dem Eis zu tun. Dachs hatte ihn behutsam über das Eis geführt, bis er sich sicher genug fühlte, um allein darüber hinzuflitzen.

Der Fuchs dachte an die Zeit, als er ein junges Füchslein war. Und wie es ihm nicht und nicht gelingen wollte, einen ordentlichen Krawattenknoten zu binden. Schließlich hatte ihm Dachs gezeigt, wie man es machte.

Der Dachs hatte Frau Kaninchen sein Spezialrezept für Lebkuchen gegeben und ihr gezeigt, wie man Lebkuchenkaninchen backte. Frau Kaninchen war in der ganzen Gegend für ihre Kochkunst berühmt. Als sie von ihrer ersten Kochstunde bei Dachs erzählte, konnte sie beinah den köstlichen Duft frisch gebackener Lebkuchen schnuppern.

Jedes der Tiere bewahrte eine besondere Erinnerung an Dachs – irgendetwas, was er sie gelehrt hatte, und was sie jetzt ausnehmend gut konnten. Dachs hatte jedem von ihnen ein Abschiedsgeschenk hinterlassen, das sie wie einen Schatz hüteten. Mit ihren verschiedenen Gaben konnten sie alle einander helfen.

Mit dem letzten Schnee schmolz auch die Traurigkeit der Tiere dahin. Sooft der Name des Dachses fiel, kam einem von ihnen eine neue Schmunzelgeschichte in den Sinn.

Eines warmen Frühlingstages wanderte der Maulwurf über den Hügel, wo er den Dachs zum letzten Mal gesehen hatte. Hier wollte er dem Freund für sein Abschiedsgeschenk danken. »Danke, Dachs«, sagte er leise. Er war überzeugt, dass ihn der Dachs hörte. Und – vielleicht war es auch so.

Dieses Buch ist eine sehr gute Möglichkeit, kindgerecht das Sterben zu erklären.

Die erste Erfahrung eines Kindes mit Tod und Trauer

Kinder begegnen im Laufe ihrer Entwicklung Sterben und Tod auf vielerlei Weise. Sie sehen tote Tiere am Straßenrand, beobachten im Fernsehen, wie ein kleineres Tier von einem größeren erlegt wird, hören, wie Erwachsene von

Sterben und Tod sprechen und verlieren vielleicht sogar ein Haustier. Nicht wenige Kinder erleben, dass die Oma oder der Opa sterben und manche werden auch mit dem Sterben und Tod eines Geschwisterkindes oder eines Elternteils konfrontiert. Jede dieser Erfahrungen ist für das Kind eine Möglichkeit, von klein auf zu lernen, Trauer auszudrücken und den Tod als realen Teil des Lebens zu begreifen. Hilfreich dabei ist es, wenn Erwachsene ehrlich und offen mit Sterben, Tod und Trauer umgehen.

Wie sich Kinder das Jenseits vorstellen, darüber berichtete eine Dokumentation von Norbert Busè und Hans Geißlinger im Fernsehsender ARTE[13].

»Ist die Seele ein kleiner Knochen?«, »Entsteht sie vielleicht bei der Geburt aus einem Stück von Mamas Seele?«, »Wie sieht es in der Hölle aus?«, »Haben Engel Ferien?« – Kinder stellen sich das Jenseits konkret und detailgenau vor. Ihre Antworten geben dem Zuschauer tiefe Einblicke in ihre Ideen- und Vorstellungswelt. Auch wenn wir es nicht wahrhaben wollen, der Tod ist auch in ihrer Alltagswelt gegenwärtig.

Der Dokumentarfilm nimmt die Vorstellungswelten der Kinder ernst. Die Filmemacher stellen Kindern zwischen fünf und elf Jahren aus verschiedenen Nationen die Fragen nach dem Tod und dem Danach. Die Antworten der Kinder geben tiefe Einblicke in ihre Vorstellungswelt, die weniger von Angst geprägt zu sein scheint, als die der Erwachsenen.

13. Norbert Busè und Hans Geißlinger, Wohin gehen wir, wenn wir sterben – Kinder erzählen über das Jenseits, in: ARTE, 31. August 2004; www.themen-tv.de/de/3246-Themenabend-Wenn-Kinder-Sterben--Wohin-gehe.htm

»*Was passiert, wenn man tot ist?*« – Diese harmlose Kinderfrage kann unsere Inkompetenz in Sachen Sterben gnadenlos bloßlegen. Auch ich habe einmal ein kleines Mädchen aus der Nachbarschaft gefragt, deren Opa gestorben war, was denn nun mit dem Opa passiere. Darauf hatte die 5-jährige Beatrix eine ganz spontane Erklärung parat: »*Ist doch ganz einfach, die Seele kommt in den Himmel und das Fell in die Erde!*«

Ein anderes Beispiel für den unbefangenen Umgang mit dem Thema Tod und Sterben: Eine ältere Seminarteilnehmerin erzählte ihr Erlebnis mit ihrer kleinen Nachbarin:

»Monate nach dem Tod meines Mannes begegnete ich einer gleichaltrigen Nachbarin mit ihrer Enkelin, die meinen Mann auch kannte und spontan fragte: »Wo ist eigentlich dein Mann?« »Im Himmel«, antwortete ich dem Kind, während ich traurig zum Himmel blickte. Darauf platzte es aus der Kleinen heraus: »Du musst nicht traurig sein, da kommst du auch bald hin!«

Amelie Fried wendet sich dieser Frage zu in ihrem Buch »Hat Opa einen Anzug an?«[14].

Bruno liebt seinen Opa. Doch jetzt ist Opa fort. Sein Bruder Xaver sagt, er sei auf dem Friedhof. Papa sagt, im Himmel. Beides geht ja wohl nicht. Brunos Opa ist gestorben und es dauert eine Weile, bis er das überhaupt richtig einordnen kann, denn dass Opa tot ist, bedeutet, dass er nie mehr wieder mit Bruno spielen kann. Und obwohl die Er-

14. Amelie Fried, Hat Opa einen Anzug an?, Carl Hanser Verlag, 1997.

wachsenen sagen, dass Bruno zu klein ist, um zu verstehen, was die Seele ist, drückt er es besser aus als alle anderen, als er fragt, ob die Seele das sei, was er am Opa lieb habe. Die Erwachsenen können seine Fragen nicht beantworten. Wer geht jetzt mit ihm angeln und warum lässt der Opa ihn einfach alleine? Was Bruno erst wütend macht, verwandelt sich langsam in Trauer und dann ganz allmählich in eine schöne Erinnerung, die immer weniger schmerzt.

Ein anderer Trauerfall: Nina, neun Jahre, hat erfahren, dass ihre geliebte Omi, mit der sie so viele spannende Dinge unternommen hat, plötzlich gestorben ist. Nun sitzt sie an ihrem Bett und starrt in die Leere während ihre Hände immer und immer wieder über den Schal streicheln, den sie ihr zu ihrem siebten Geburtstag geschenkt hat. Erst Stunden später verlässt Nina das Zimmer und geht nach draußen in den Garten. Dort setzt sie sich auf ein Steinmäuerchen, auf dem sie so oft zusammen mit Omi gesessen hat und weint. Ninas Mutter versucht, ihre Tochter zu trösten. Doch ihr fehlen die richtigen Worte für diese Situation. Zu groß ist ihr eigener Schmerz.

Eltern möchten in aller Regel ihre Kinder vor traurigen Gefühlen schützen und merken dabei nicht, dass sie mit ihrem versteckten Kummer unglaubwürdig wirken.

Eltern fühlen sich oft überfordert und hilflos, wenn sie mit trauernden Kindern konfrontiert sind. Sie reden sich sogar ein, dass Kinder leicht abzulenken seien, schnell vergessen und dass man ihnen die Trauer sogar ausreden könne. Dabei spüren Kinder sehr genau, was um sie herum geschieht, gleichgültig, ob sie bereits begreifen können, was

»endgültig« bedeutet. Sie werden den Verlust und die Trauer realisieren.

Kinder haben ihre ganz **besondere Art**, mit **Trauer** umzugehen. Vor allem weinen sie nicht immer dann, wenn es von ihnen erwartet wird. Sie wollen in dem Moment traurig sein dürfen, den sie für richtig halten. *Kindliche Trauer ist sprunghaft* und wird häufig missverstanden. *Kinder trauern nicht so durchgängig, wechseln zwischen Lachen und Weinen, körperlicher und emotionaler Ebene.* Die Erinnerung an Verstorbene und die damit verbundenen Gefühle brechen sich spontan immer wieder Bahn.

Nicht selten entwickeln Kinder in Trauer auch Wut auf die Verstorbenen, weil sie einfach weggegangen sind und damit so viel Kummer verursacht haben. Die Wut kann sich in aggressivem, provozierenden Verhalten äußern. Oder Kinder empfinden sich selbst schuldig am Tod der Verstorbenen. Sie werfen sich vor, nicht lieb genug gewesen zu sein. Solche Gefühle müssen in Gesprächen aufgedeckt und zurechtgerückt werden. Man kann Kindern dann die Todesursache erklären, damit sie die Zusammenhänge erkennen und begreifen und aus der Spirale ihrer Selbstvorwürfe wieder herauskommen. Wenn Kinder die Erfahrung machen, dass sie auch einen toten Menschen und ein totes Haustier weiter lieb haben können, weil die Erinnerung an gemeinsame Erlebnisse bleibt, dann können sie sich auch neu orientieren.

Voraussetzung dafür, Kinder in ihrer Trauer **unterstützen** zu können, ist die Fähigkeit, selbst zu trauern. Wenn Eltern ihre Trauer zeigen, stärkt das unmittelbar die Kinder, denn von den Eltern lernen sie, welche Gefühle erwünscht und welche tabu sind, welche Gefühlsäußerungen positive oder negative Reaktionen nach sich ziehen. Eltern geben ihren Kindern bewusst oder unbewusst das Signal, Gefühle wahrzunehmen, dazu zu stehen oder sie »mannhaft« zu ertragen und zu unterdrücken.

Wenn Kinder von einem geliebten Familienmitglied oder Haustier Abschied nehmen müssen, dann sollten sie den Schmerz der Erwachsenen teilen dürfen und in die **Trauergemeinschaft** einbezogen werden. Was nämlich Erwachsene als *»Schonung«* verstehen, empfinden Kinder als *»Ausgeschlossenwerden«*, als Zurückweisung.

Trauernden Kindern hilft es, wenn sie ihre Trauer ausdrücken dürfen, im Weinen, im Sprechen über das tote Familienmitglied oder auch in irgendeiner rituellen Beschäftigung. Sie können beispielsweise ein Bild malen, ein Gedicht oder einen Brief schreiben, das Grab schmücken, etwas zur Freude der Familie beitragen. In der akuten Trauerphase sind Kinder – wie Erwachsene auch – sehr verletzlich und besonders angewiesen auf einen Halt gebenden, verlässlichen Partner. Das soll nicht heißen, dass trauernde Erwachsene ihre Traurigkeit und ihre Stimmungsschwankungen verbergen müssten, sie sollten das Kind nur spüren lassen, dass sie diese schwere Zeit gemeinsam bewältigen wollen. Wenn möglich, sollte eine von einem Trauerfall betroffene Familie ihren gewohnten Tagesablauf und Lebensrhythmus beibehalten, denn auch die äußere Normalität hilft mit, dass Kinder wieder Vertrauen in die Zukunft fassen.

Ein Beispiel dafür, wie wichtig es ist, dass die Trauer des Kindes nicht verdrängt wird, schilderte mir eine Kindergartenerzieherin:

Der 5-jährige Lars lässt seine Wut an seinen Spielsachen aus. Vor zwei Jahren starb sein Vater bei einem Autounfall. Damals unterdrückte er seine Trauer und Wut. Er passte sich an, sprach nicht über den Vater, weil er seine Mutter nicht zusätzlich mit Trauer belasten wollte. Auch in der Schule und mit Freunden konnte er nicht darüber sprechen, weil er Angst hatte, weinen zu müssen. Freunde und Bekannte waren unsicher. Sie wussten nicht, wie man mit Trauernden umgeht und zogen sich zurück. So wurde die Trauer verdrängt. Lars wurde immer schwieriger und unzugänglicher, bekam später Probleme in der Schule und selbst seine Mutter kam nicht mehr mit ihm zurecht. Schließlich nahm sie die Hilfe einer Erziehungsberatungsstelle in Anspruch. Hier fühlte Lars sich verstanden. Er traf alle zwei Wochen Kinder, denen es so ebenso erging wie ihm. Mit ihnen konnte er seine Gefühle teilen. Es fand in dieser Gruppe von Trauer betroffener Kinder keine Therapie statt, es wurde ihnen nur das richtige Umfeld für ihre persönliche Trauerarbeit geboten. Hier wusste man, dass die Stimmung dieser Kinder sehr schnell wechseln und schwanken kann. Gerade haben sie noch gelassen miteinander getobt, im nächsten Moment können sie zu Tode betrübt sein. Sie drücken ihre Trauer nicht immer durch Worte oder Weinen aus, sondern auch durch Spielen, Malen, Musizieren oder Schreien. Oft verhalten sich diese Kinder ganz anders als zu Hause. Trauernde Kinder wünschen sich von Erwachsenen Offenheit, selbst dann, wenn es wehtut. Nur so können sie die Endgültigkeit des Todes begreifen und den Verlust verarbeiten. Seitdem Lars einen Raum zum Ausleben seiner Trauer bekam, verringerten sich seine Probleme zu Hause und in der Schule beträchtlich. Verdrängte Trauer führt aber nicht nur zu Verhaltensstörungen, sie kann auch krank machen und die Lebensfreude eintrüben.

Die Trauer von Kindern und Jugendlichen über den Verlust eines Geschwisters

Wie schon ausgeführt, haben Kinder je nach Alter ein unterschiedliches Verständnis vom Tod. Auf ihre Fragen brauchen Kinder ehrliche und kindgemäß verständliche Antworten. *In jedem Stadium der persönlichen Entwicklung* sollte ein Kind, ein Jugendlicher neue Informationen zum Tod seiner Schwester, seines Bruders erhalten können. Mit zunehmender Reife wird sich auch die Art der Trauer der Geschwister verändern.

Wie ein 9-Jähriger (Petermax) auf den Tod seines 7 Jahre alten Bruders (Anton) reagierte, schilderte eine Sendung im ZDF[15]:

Seine Mutter, seine Oma, ein Freund und Petermax selbst saßen im Auto. Es war an einem Donnerstag im August und sie waren auf dem Weg zum Schwimmbad. In einem Stau fuhr ihnen ein anderes Auto in die Seite. Es war die Seite, auf der Anton saß.

Petermax kann sich nicht mehr genau erinnern. Als er nach dem Aufprall wieder aufwachte, dachte er erst, dass alles in Ordnung sei. Ihm selbst war nichts passiert. Doch dann kam der Notarztwagen und brachte Petermax' kleinen Bruder ins Krankenhaus. Dort starb Anton zwei Tage später.

15. ZDF PuR: Was passiert, wenn man stirbt? ZDF-Sendung vom 15.10.2005; www.tivi.de/fernsehen/pur/start/index.html

»Die Zeit danach war traurig und langweilig«, erzählt Petermax. Denn Anton war für ihn nicht nur ein Bruder, sondern auch sein bester Freund. Zusammen waren sie im Schwimmverein. *»Anton hat auf Wettkämpfen mehr Medaillen gewonnen als ich«*, sagt Petermax. Sie haben zusammen gespielt und hatten immer dasselbe vor. Doch jetzt war plötzlich alles anders.

Petermax erzählt auch, wie er und seine Familie Abschied von Anton genommen haben: Alles, was Anton besonders mochte, legte die Familie mit in seinen Sarg und auf sein Grab. Dazu gehörten auch viele Sonnenblumen, denn sie waren Antons Lieblingsblumen. *»Er hat abends immer alle Blumen gegossen, nur weil er unbedingt die Sonnenblumen gießen wollte«*, erzählt Petermax.

Wenn er heute seinen kleinen Bruder vermisst, dann geht er zum Friedhof und redet mit ihm. Antons Grab ist bunt geschmückt mit Blumen, Andenken aus dem Urlaub und kleinen Figuren, die Petermax für Anton gebastelt hat. Außerdem steht auf dem Grab noch Antons Lieblingsblume, die Sonnenblume, als Grabstein.

Dass Anton plötzlich nicht mehr da war, konnte Petermax nur schwer verstehen. Um besser damit umzugehen, ist er jetzt in einer **Trauergruppe**. Dort sind viele Kinder, die Ähnliches erlebt haben. Mit ihnen kann er reden und sie verstehen ihn.

Auch wenn Anton nicht mehr da ist, zu Hause beim Essen steht immer ein Teller für ihn an seinem Platz. Zu Weihnachten schmückt die Familie einen kleinen Tannenbaum und bringt ihn an sein Grab. Und zu Silvester lassen sie dort eine ganz dicke Rakete nur für ihn in den Himmel knallen. Denn genau dort ist Anton jetzt, das glaubt

Petermax ganz fest: *»Jede Familie hat da ein Haus, ein ganz großes. Und da sind alle aus einer Familie immer in einem Haus. Da gibt es ein Fernrohr und jeder kann auf die Familie auf die Erde gucken.«*

Seit fast einem Jahr ist die Familie wieder zu viert. Petermax hat einen kleinen Bruder bekommen: Emil. *»Er ist kein Antonersatz, aber es ist wieder was los!«*, erzählt Petermax.

Der 9-jährige Petermax reagiert auf dem Hintergrund seiner noch recht kindlichen Vorstellungswelt, die es ihm ermöglicht, über die Flucht in Illusionen zunächst mit dem erlittenen Verlust weiterzuleben.

Komplexer sind naturgemäß die Reaktionen **älterer Kinder oder Jugendlicher** auf den Tod eines Geschwisters.

Eine »verlassene Schwester«, 16, erzählt über ihre Trauer:

»Ich fühlte mich damals – mit der Trauer um meinen älteren Bruder, der sich das Leben genommen hat, sehr allein und hatte das Gefühl, dass der Schmerz nicht weniger würde. Dazu kam das Gefühl, aus Rücksichtnahme auf meine Eltern nicht darüber reden zu können und zu dürfen, über diesen riesengroßen Schmerz, die Wut, die Trauer, das »Warum«. Ich hatte Angst davor, nicht wieder aufhören zu können, darüber zu sprechen, wenn ich erst einmal anfinge. Meine Gefühle stauten sich zusammen, dass ich oft Angst hatte, verrückt zu werden.«

Diese sehr offene Äußerung einer Trauergruppen-Teilnehmerin schildert das intensive Erleben, das ein Geschwisterverlust auslöst, ebenso die damit verbundenen Gefühle, Ängste und Wünsche.

Ständiges Verglichenwerden mit seinem verstorbenen Geschwister kann zu einer schweren Hypothek für überlebende Geschwister werden. Einerseits ist es ganz normal, dass Eltern, die bereits ein Kind verloren haben, dazu neigen, das verlorene Kind zu idealisieren. Andererseits haben sie Angst, das überlebende Kind auch noch zu verlieren und reagieren mit Überfürsorglichkeit. Eine solche Überbehütung kann fatale Folgen haben. Eine davon ist, dass das überlebende Kind daran gehindert wird, wichtige Erfahrungen zu machen.

Immer wieder ist in Selbsthilfegruppen von Geschwistern zu hören, dass von ihnen gefordert wird, dass *sie selbst stark sein müssten, um den trauernden Eltern zu helfen.* Wer aber immer stark sein muss, riskiert irgendwann einen Zusammenbruch. Eltern sollten erkennen, dass und wann das verlassene *Geschwisterkind* Hilfe braucht. Oft aber sind die Eltern so sehr mit sich und ihrer Trauer beschäftigt, dass »verwaiste Geschwister« in ihrer Trauer allein bleiben.
Dazu ein Beispiel:

Natascha, 17:

»Die Nachricht vom Tod meiner Schwester habe ich am 15. April 2004 spät in der Nacht erfahren. Frühmorgens verließ ich wegen eines Vorstellungsgesprächs das Haus. Eigentlich wollte ich danach noch eine Freundin besuchen, aber mein Vater hat mir per Handy mitgeteilt, ich solle doch gleich nach dem Gespräch nach Hause kommen, weil etwas mit meiner Schwester sei. Genaueres sagte er mir aber nicht.
Als ich dann nach Hause kam, sah ich viele Autos um unser Haus herum stehen, und vor allem auch das meines Onkels, was mich noch mehr beunruhigte, weil er 400 km entfernt wohnt

und eigentlich keinen Urlaub hatte. Mein Vater kam schon in der Einfahrt auf mich zu, umarmte mich, und wir fingen beide an zu weinen. Er sagte mir dann, dass meine Schwester Claudia einen schweren Verkehrsunfall gehabt habe und noch im Rettungswagen auf dem Weg zum Krankenhaus verstorben sei.
Wir gingen zu dem Rest der Familie hinein. Das Wohnzimmer wurde nur durch ein paar Kerzen erhellt. Wir weinten alle und versuchten uns gegenseitig klarzumachen, was eigentlich passiert war. So richtig verstanden haben wir es allerdings nicht. Ich weiß nicht, ob die Zeit vor und während der Beerdigung ein »angemessener« Abschied für mich war. Ich gehe zwar regelmäßig an das Grab meiner Schwester, doch ist sie für mich bis heute nicht wirklich dort. Für mich ist sie irgendwie immer doch da, und ich rede sehr oft mit ihr, allerdings immer noch mit Tränen in den Augen. Eigentlich habe ich mich nie von ihr verabschiedet.
In die Vorbereitungen der Beerdigung wurde ich insofern einbezogen, als ich mit zum Bestattungsinstitut gegangen bin. Auch war ich bei unserem Pfarrer, um mit ihm über Claudias letzte Zeit zu reden. Unser Pfarrer kennt uns zwei von klein auf und deshalb mussten wir ihm nicht viel von ihr erzählen.
Welche Unterstützung ich bekommen habe um zu trauern? Ich hatte Glück und wurde von guten Freundinnen aufgefangen. Seit dieser Zeit weiß ich, wie wichtig gute Freunde sind und dass ich im Notfall auch für sie da sein werde. Trauerunterstützung durch die eigene Familie habe ich nicht bekommen. Meine Mutter leidet seit dem Tod meiner Schwester an schweren Depressionen und Panikattacken. Deshalb habe ich immer nur von anderen gehört: »Du musst jetzt stark sein für deine Mutter! Sie braucht dich jetzt!« Etwas anderes habe ich eigentlich nie gehört. Ob es jetzt von Familienmitgliedern oder Bekannten kam,

ich durfte meine Trauer eigentlich nie so richtig ausleben aus Rücksicht vor meiner Mutter.
Getrauert habe ich immer nur im Stillen und alleine. So wie jetzt auch noch, da es meiner Mutter immer noch nicht besser geht.
Mein Vater und ich haben uns sofort wieder in die Arbeit gestürzt. Er ging in die Firma arbeiten und ich habe mein Praktikum gemacht. Es hat mich einige Zeit auf andere Gedanken gebracht.
Ich weine noch sehr oft um meine Schwester, obwohl ich andererseits versuche, stets stark zu bleiben. Dieses »Du musst jetzt Rücksicht auf deine Mutter nehmen« hat sich in mein Unterbewusstsein eingebrannt. Die Umwelt scheint es zu verlangen und meine Mutter zu erwarten.
Ich werde meine Schwester für den Rest meines Lebens vermissen und sie hat für immer eine Lücke in meinem Herzen hinterlassen. Sollten wir uns einst im Jenseits wiedersehen, ist sie mir eine Erklärung schuldig, denn ich werde nie verstehen können, warum sie mich verlassen hat.«

Wer einen Bruder oder eine Schwester durch Tod verloren hat, muss nicht nur mit dem Verlust des Geschwisters zurechtkommen. Auch die Eltern sind nicht mehr die, die sie einmal waren. Sie können – da sie selbst in der Krise sind – oft keine angemessene Stütze für ihre trauernden Kinder sein. Das gesamte Familiensystem ist irritiert, die Familie muss ohne den Verstorbenen zurechtkommen. So sind trauernde Geschwister häufig auf sich selbst gestellt mit ihren Gefühlen. Hinzu kommt die schwierige Aufgabe für alle Familienmitglieder, dem Verstorbenen seinen Platz im Familiensystem neu zukommen zu lassen und auch sein Schicksal zu würdigen. Dies ist nicht einfach, da alle miteinander in Beziehung stehen und alle unter dem Verlust leiden.

Eine 17-jährige Schülerin, die ihren Bruder durch einen tragischen Verkehrsunfall verlor, erzählt:

»Eigentlich befinde ich mich in einer Lebensphase, wo man eigentlich einen draufmachen und mit anderen Gleichaltrigen in die Disko gehen will. Dann überkommt mich, aus heiterem Himmel, ein richtiger Heulanfall und meine Freunde kapieren nicht, worum es geht.«

Und Evi, 16, deren ältere Schwester an Leukämie gestorben ist, hat folgende Erfahrung gemacht:

»In der Trauer um ein verstorbenes Geschwisterkind werden die überlebenden Kinder oft vergessen, weil die Eltern zu sehr mit sich selbst beschäftigt und durch ihren eigenen Schmerz überfordert sind. Sie stehen hilflos neben den anderen Kindern und haben keine Kraft, ihnen beizustehen.«

Trauer im Jugendlichenalter zeigt sich in Albträumen, Schuldgefühlen und Wut. Nebenbei sind Jugendliche mit so wichtigen Themen wie Erwachsenwerden, Partnersuche und Berufswahl beschäftigt. *»Eigentlich möchte man nur jung und unbeschwert sein, man schwankt zwischen Verzweiflung und extremer Lebenslust, verbunden mit dem Gefühl, ohnehin von niemandem richtig verstanden zu werden«*, äußert eine Trauerseminarteilnehmerin, die vor fünf Jahren ihren Bruder verloren hat. Sie weist darauf hin, dass alle, die Geschwister verlieren, besonders viel Verständnis und Trost brauchen. Vor allem sollen sie keine Ersatzfunktionen übernehmen und müssen auch nicht besonders stark sein, um ihre Eltern zu stützen. Jeder in der Familie braucht seinen Raum zum Trauern und gleichzeitig muss die Restfamilie sich neu formieren und miteinander klarkommen. Dabei muss jeder herausfinden, was ihm wann guttut. Dem einen hilft es, in der Stille der Natur neuen Mut und Zuversicht zu finden, der andere sitzt lieber allein und abgeschottet auf dem gemütlichen Kuschelsofa und hört Musik. Ziel allen Trauerns und Abschiednehmens muss es sein, aus der inneren Starre herauszufinden und zurück ins Leben zu gehen.

Der Tod eines Geschwisters verändert die **Geschwisterbeziehung.** Der Tod von Bruder oder Schwester bedeutet für ein Kind den Verlust eines einzigartigen Partners, eines einmaligen Teilhabers am eigenen Leben, der eine Rolle gespielt hat, für die es keinen Ersatz gibt. Sie haben nicht nur die gleichen Eltern miteinander geteilt, sondern vielleicht auch ihr Zimmer, ihr Spielzeug und so manches Geheimnis.

Ob Geschwister sich geliebt oder gehasst haben, der geschwisterliche Einfluss bleibt weit über den Tod hinaus erhalten und löst positive wie negative Gefühle aus. Gibt es mehrere Geschwister, können sie sich in erinnernden Gesprächen vielleicht trösten, miteinander trauern, füreinander da sein, damit sie nicht vereinsamen. Es können sich aber auch bestehende geschwisterliche Animositäten unter der Belastung weiter verstärken und zu einer weiteren Verschärfung der Krise führen. Außerdem trauern hinterbliebene Geschwister durchaus nicht immer gemeinsam, sondern manchmal auch für sich allein und isoliert und gestatten einem anderen Geschwister nur manchmal Einblick oder Teilnahme an der eigenen Gefühlswelt. Diese ist aber immer bestimmt von der besonderen Beziehung des überlebenden Kindes zu dem verstorbenen und oft nur schwer nachvollziehbar.

In die Trauer eines Jugendlichen um sein verstorbenes Geschwister fließt auch ein völlig **neues Erleben der Eltern** mit ein, die plötzlich ganz verändert sind. Nach dem Tod eines Geschwisters erleben zurückbleibende Geschwister ihre Eltern plötzlich von einer ganz neuen Seite, die sie oft ängstigt und verunsichert. Verwaiste Eltern betrachten den Tod ihres Kindes meist regelrecht als Verstoß gegen ein Naturgesetz. Folglich sind ihre Trauer, der Schmerz und die Sehnsucht nach dem verlorenen Kind grenzenlos und es kommt in vielen Familien zu dauerhaften Krisen. Nicht selten treten Suchtkrankheiten auf, Außenkontakte werden oft reduziert oder schließlich sogar ganz gemieden, Freundschaften können daran zerbrechen und die Familie isoliert sich. Ein hoher Prozentsatz betroffener Ehen von Eltern, die ein Kind verloren haben, zerbrechen innerhalb der folgenden zwei Jahre (s. o!). So fühlen sich die zurückbleibenden Geschwister zusätzlich zu ihrer Trauer um das Geschwister noch verantwortlich für die Trennung ihrer Eltern und sie entwickeln häufig Schuldgefühle und Versagensängste, weil sie meinen, nicht lieb genug gewesen zu sein oder Mutter und Vater nicht ausreichend getröstet zu haben. Trauernde Eltern nehmen ihre anderen Kinder mit ihren Bedürfnissen oft nicht mehr wahr, es mangelt ihnen an Kraft, um ihrer Verantwortung als Eltern gerecht zu werden. Kinder erleben sie in dieser Krise oftmals als ungerecht und mit ganz neuen, für sie unverständlichen Verhaltensweisen. Hinterbliebene Kinder müssen folglich nicht nur den »veränderten« Familienalltag bewältigen, sondern entbehren auch noch Aufmerksamkeit und Fürsorge ihrer Eltern. Ihre Trauer um den verlorenen Bruder oder die verlorene Schwester müssen sie oft ohne die Hilfe ihrer Eltern verarbeiten.

Der 13-jährige Kevin schrieb mir:

»Ich heiße Kevin und weiß gar nicht, wo ich anfangen soll, es ist alles so schlimm für mich, dass ich nicht mehr leben will. Ich bin 13 und habe einen sieben Jahre älteren Bruder, der nach einem tragischen Motorradunglück gestorben ist. Ich habe meinen Bruder sehr geliebt und wäre am liebsten an seiner Stelle gestorben! Er fehlt mir so, denn ich konnte ihm immer alles sagen, ihm völlig vertrauen. Wir hatten immer sehr viel Spaß, Streit gab es nur selten und meistens war der harmlos. Nach seinem tödlichen Unfall wollte ich sofort zu ihm. Ich konnte es einfach nicht glauben! Als ich ihn dann im Sarg sah, weinte ich den ganzen Tag! Seitdem habe ich nie wieder über ihn geredet und auch nicht geweint, nicht einmal auf seiner Beerdigung. Seitdem bin ich ein anderer Mensch. Ich stehle, rauche und mach alle Sachen, die verboten sind. Ich habe keine Freunde mehr. Ich weiß nicht, zu wem ich jetzt mit meinen Problemen gehen soll. Meine Eltern sind zu sehr mit sich selbst beschäftigt und brauchen selbst Hilfe. Durch Martins Tod ist bei uns alles aus den Fugen geraten.«

Ich habe diesem trauernden Jungen geantwortet:

»Hallo, lieber Kevin,

wie Leid es mir tut, dass Du solche seelischen Schmerzen leidest, weil Du Deinen Bruder so sehr vermisst! Es ist immer sehr schlimm, einen geliebten Menschen zu verlieren, und wenn es dann auch noch auf so tragische Weise passiert, steht man fassungslos vor dem Loch, das das Unglück gerissen hat. Man fühlt sich ohnmächtig und kann vor Schock und Wut nichts sagen.
Ich verstehe Deine Gefühle: Deine Trauer will raus und sie muss verarbeitet werden. Wie sind Deine Eltern damit umgegangen, wie gehen sie jetzt damit um? Du sagst, dass Du Dich mit Deinen Eltern nicht verstehst. War das vor dem Unfall auch schon so? Ich wäre der Meinung, dass es erschwerend hinzukommt, dass Du in der Pubertät steckst, und da sind die Eltern meistens ein riesiger Störfaktor für das eigene Wohlgefühl.
So wie Du Dich verhältst, bin ich der Überzeugung, Du schreist innerlich geradezu nach ihrer Aufmerksamkeit und Du brauchst ganz dringend Hilfe, Deine Trauer und Deinen Schmerz herauszulassen und dadurch erträglicher zu machen. Wenn ein so schwerer Schicksalsschlag eine Familie trifft, dann braucht jedes einzelne Familienmitglied Unterstützung und viel Verständnis, denn jeder geht mit seiner Trauer anders um. Du steckst in einer tiefen Verzweiflung. Ein Familientherapeut könnte vielleicht das Problem mit Euch gemeinsam anpacken!
Ich möchte Dir raten, Dich mit anderen betroffenen, verwaisten Geschwistern zu unterhalten. Ich habe Dir in der Anlage Kontaktadressen geladen. Wenn Du meinst, dass Du innerlich so weit bist, Dich mit anderen »verwaisten« Geschwistern auszutauschen, dann solltest Du einfach Kontakt aufnehmen. Du wirst sehen, dass es viele traurige Schwestern und Brüder gibt,

die Dich in Deiner Trauer verstehen und die genau wissen, was Du durchmachst! Liebe trotz allem Dein Leben, denn Du hast nur eines. Du wirst trotz des Verlustes und der Trauer die Erfahrung machen, dass das Leben lebenswert ist. Du musst nur zulassen, dass es auch einen Weg gibt, der Dich mit der Trauer um Deinen Bruder leben lässt, auch wenn Du es jetzt noch nicht glauben kannst. Dein Bruder ist unvergessen und wird immer einen Platz in Deinem Herzen haben. Deinen Schmerz kann ich Dir nicht nehmen, aber ich kann Dir sagen, dass dieser Schmerz irgendwann weniger stark und quälend sein wird. Ich wünsche Dir ganz viel Kraft und dass Du mit Deinen Eltern gemeinsam einen Weg findest, gemeinsam zu trauern. Versuche, nach vorne zu blicken, es klingt vielleicht oberflächlich, aber ich glaube, es wäre im Sinne Deines Bruders, dass Du Kraft für Dein Leben sammelst, statt es wegzuwerfen. Was meinst Du dazu? Ich schicke Dir auf diesem Wege eine Sonderportion Mut und Kraft.«

Hilfen für trauernde Kinder und Jugendliche

Das hilft schon kleineren Kindern in ihrer Trauer:

- Kinder sollten schon in frühem Alter selbst entscheiden können, ob sie an Beerdigungen teilnehmen wollen oder nicht.
- Wichtig ist eine gute Vorbereitung auf die Beerdigung – den Kindern muss erklärt werden, was sich dort abspielt; auch, dass an diesem Ort viel geweint wird und sie selbst dort auch weinen dürfen.
- Den Kindern muss erklärt werden, dass es unterschiedli-

che Beerdigungsrituale gibt und die Möglichkeit, den Toten noch einmal zu sehen, um bewusst von ihm Abschied nehmen zu können. Das Kind sollte aber dazu weder überredet noch gezwungen werden, sondern selbst frei entscheiden können, ob es das möchte oder nicht.

- Mit Kindern sollte man darüber sprechen, dass in unserem Kulturkreis Schwarz die Trauerfarbe ist und deshalb alle Trauergäste Schwarz tragen.
- Auch nach der Beerdigung denken Kinder noch lange an den Verstorbenen. Deshalb sind kleine Erinnerungshandlungen und Rituale wichtig: vom liebevollen Gespräch über den Verstorbenen, über das Lied, das an schöne Zeiten mit ihm erinnert, über bestimmte Erinnerungsgegenstände, über bewusst geschaffene Symbole, die ein nonverbales Handeln ermöglichen (wie etwa eine ausgeschnittene Papierträne, auf die Kinder Gefühle aufschreiben, die sie loswerden wollen, und die anschließend in einer Schale vielleicht mit einem gesprochenen Gebet verbrannt werden); über die angezündete Kerze für den Verstorbenen, über den gemeinsamen Besuch der Grabstätte und den Schmuck mit Blumen bis hin zum gemeinsamen Nachtgebet, in das der Verstorbene regelmäßig mit einbezogen wird.

Das hilft »verwaisten Geschwistern« durch ihre Trauer:

- Trauernde Kinder jeden Alters tun in der Regel einen Schritt zurück in ihrer persönlichen Entwicklung, gehen in Regression. Sie verlieren zeitweise Fähigkeiten und Fertigkeiten, die sie besaßen. Von ihrer Umgebung werden trauernde Kinder häufig als schwierig wahrgenommen.

Sie brauchen in dieser Ausnahmesituation besonders viel Geduld und Zuwendung, **Halt und Stütze.**

- Für Eltern, die ein Kind verloren haben und die in Trauer sind, verliert das überlebende Kind häufig an Bedeutung. Gerade in dieser Situation ist es für überlebende Geschwister besonders wichtig, zu erfahren, dass sie von den Eltern genauso **geliebt** werden wie das verstorbene.
- Eltern, die ihr Kind verloren haben, verschließen sich oft mit ihrer Trauer, zeigen ihre Gefühle nicht und reagieren auf den erlittenen Verlust mit kontrolliertem Schweigen. Für ein überlebendes Kind ist es aber wichtig, seine Gefühle der Trauer bestätigt zu bekommen. Deshalb können Erwachsene den Kindern helfen, indem sie ihre **eigene Trauer** zeigen.
- Wie Trauernde jeden Lebensalters können auch Kinder in ihrer ersten Reaktion auf den Verlust zunächst den Tod des Geschwisters verdrängen. Es hilft einem trauernden Kind, seine Trauer so ausleben zu dürfen, wie es ihm entspricht.
- Ein ständiges Verglichenwerden mit seinem verstorbenen Geschwister kann Kinder schwer belasten, ebenso das Idealisieren des verstorbenen Kindes. Das weckt Schuldgefühle beim überlebenden Geschwister und mindert das Selbstwertgefühl.
- Fordern Sie als Eltern – weder bewusst noch unbewusst –, dass das überlebende Kind stark sein muss. Das überfordert Kinder und führt häufig zum Zusammenbruch.
- Trauernde Geschwister identifizieren sich gelegentlich mit verstorbenen Geschwistern und übernehmen dann sogar deren Gewohnheiten. Für Kinder ist es wichtig, von ih-

rem verstorbenen Geschwister etwas für sich zu behalten, etwas, das sie für später auch aufheben können: Kleider, Spielsachen, Fotografien, Schmuck.

Das half vor allem trauernden Jugendlichen,
die Geschwister verloren haben (Originaltöne von Jugendlichen):

- *Ich habe es als hilfreich empfunden, den Ort aufzusuchen, an dem meine Schwester verunglückte. Daneben habe ich gute Erfahrungen gemacht mit Selbsthilfe- und Trauergruppen für verwaiste Geschwister. Sie bieten Verständnis, Schutz und Geborgenheit.*

Für trauernde, verwaiste Geschwister gibt es auch spezielle Geschwisterfreizeiten[16] (s. auch Teil 3, Begegnung und Kontakt).

- *Für mich war wichtig, dass mein Bruder nicht aus dem Leben verbannt und »totgeschwiegen« wird, sondern auch im Gespräch Teil der Familie bleibt.*
- *Ich denke nicht mehr ständig darüber nach »was wäre, wenn mein Bruder noch da wäre«. Ich stelle mir stattdessen vor, dass mein Bruder auf eine lange Reise gegangen ist und dass ich ihn irgendwann wiedersehen werde.*
- *Gedenktage wie Allerheiligen und Weihnachten sind nicht so wichtig. Viel wichtiger sind Silvester und der Geburtstag meiner Schwester. Silvester haben wir immer zusammen mit Freunden gefeiert. Für mich ist der Geburtstag meiner Schwester am schwersten zu verkraften, weil ich an diesem*

16. www.veid.de

Tag, an dem wir sonst immer fröhliche Feten gefeiert haben, merke, wie sehr sie mir fehlt.

- *Bewusste Entspannung kann ein Mittel sein, um in der Trauer zur Ruhe zu kommen. Ich habe in einem Trauerseminar Mentaltraining erlernt und »Phantasiereisen zu einem Wohlfühlort« unternommen. Das hat mir sehr gutgetan.*
- *Ich empfand es als wohltuend, zu wissen, dass viele für mich da sind. Gut tut, mit Menschen zu reden und zu spüren, dass andere wahrnehmen, dass ich in der Trauer anders bin als sonst und dass sie das auch akzeptieren.*

Unverarbeitete Trauer aus Kindheit und Jugend

Ein Beispiel aus meinen Seminaren zeigt, dass unverarbeitete Trauer das gesamte spätere Leben eines Geschwisterkindes überlagern kann.

Carola:

»Ich bin 47 Jahre alt und habe in meiner Kindheit zwei Brüder verloren. Ich habe bisher immer gedacht, dass ich mit der Verarbeitung dieser Verluste fertig gewesen sei, weil das schon Jahrzehnte zurückliegt – aber das war wohl ein Trugschluss. Eigentlich bin ich ein sehr optimistischer Mensch solange ich die Gedanken an den Verlust meiner Brüder ganz weit weg schieben kann.
Meine Kindheit war bis zu meinem 14. Lebensjahr wunderschön und behütet – doch dann quasi von einem auf den anderen Tag vorbei. Ich werde nie vergessen, wie ich mit meinen Eltern vor dem Raum des Arztes saß, der meinen Bruder Volker operiert hatte, und sie hineingerufen wurden. Ich blieb allein auf der

Bank sitzen. Und als sie dann wieder herauskamen, war mein Leben nie mehr wie vorher. Ich konnte an ihren Gesichtern sehen, dass etwas Schreckliches passiert sein musste. Und sie erzählten mir dann, dass mein Bruder, den ich so sehr geliebt habe, in ca. einem Jahr sterben würde – und dass es keine Hoffnung gäbe, das hatte der Arzt auch gesagt. Mein Bruder war damals 24 Jahre und er ist dann auch tatsächlich mit 25 Jahren qualvoll an Darmkrebs gestorben. Es hat zehn Wochen gedauert. Zehn Wochen, in denen ich es einfach nicht glauben wollte und gebetet habe, es möge nicht wahr sein. Ich glaubte damals fest an einen Gott, der uns alle beschützen würde.
Das Schlimmste, was noch dazukam, war, dass mein Bruder Volker am selben Tag gestorben ist, als mein anderer Bruder morgens geheiratet hat. Der 30. November 1973 ist immer noch sehr lebendig. Mein verheirateter Bruder hat mit seiner jungen Frau (sie war wie eine Schwester für mich und nur ein Jahr älter als ich) die ganze Nacht geheult – muss eine »tolle« so genannte Hochzeitsnacht gewesen sein.
Aber auch meinen zweiten Bruder Rainer habe ich verloren. Er starb er an einer simplen Lungenentzündung im Alter von 29 Jahren. Seine Frau war mit 24 schon Witwe. Meine Eltern haben sich damals so rührend um sie gekümmert und ihr dabei geholfen, einen neuen Partner zu finden – den besten Freund meines Bruders. Das fand ich damals schon wirklich beeindruckend von ihnen. Meine Schwägerin starb mit nur 38 Jahren dann an Brustkrebs.
Alle zehn Jahre habe ich einen Menschen verloren, der mir sehr viel bedeutet hat, und ich habe lange Jahre nicht geglaubt, dass ich überhaupt 30 werde nachdem es meine Brüder nicht geschafft hatten. Mit 27 Jahren habe ich meine Tochter bekommen, weil ich wollte, dass wenigstens von mir etwas übrig

bleibt. Als ich dann im Jahre 1988 erstaunlicherweise doch 30 wurde, da war ich völlig baff.
Ich habe eine riesige Wut darauf, dass meine Eltern, die immer alles für uns getan haben, so etwas Grauenhaftes erleben mussten. Wie kann man es überleben, zwei von seinen drei Kindern zu verlieren und dabei trotzdem positiv zu bleiben? Denn meine Mutter ist der positivste Mensch, den ich kenne. Sie ist durch nichts zu erschüttern. Dabei hat man ihr damals geraten, als sie mit mir schwanger war, mich besser abzutreiben, weil sie gesundheitlich sehr schwach und zerbrechlich war. Aber meine Eltern hatten sich so sehr eine Tochter gewünscht – sie wollte mich unbedingt bekommen! Sie hat mal zu mir gesagt, wie schrecklich es gewesen wäre, wenn sie damals auf den Arzt gehört hätte. Dann hätte sie heute nichts mehr. Da sie mich ja noch hat, kann sie ihr Schicksal und die furchtbaren Verluste annehmen. Eine wunderbare, starke Frau, oder? Bei ihr heulen sich alle Verwandten und Freunde aus, die alle noch ihre Kinder gesund haben und dennoch nicht zufrieden sind. Das ist für sie absolut unverständlich – für mich allerdings auch. Es ist schon seltsam – wenn ich mich in meinem Freundeskreis umhöre, so kommt es mir wirklich so vor, als sei meine Kindheit etwas ganz Besonderes. Aber genau deshalb bin ich vielleicht auch auf der Suche nach dem verlorenen Paradies und der Geborgenheit, die ich damals bekommen habe. Es müsste wunderschön sein, wenn man von seinem Partner sagen kann, dass er der beste Freund ist.«

Die Bitterkeit ihrer Worte und die Wut, die sie noch immer fühlt, zeigen, dass Carola ihre Trauer nie überwunden hat. Als Carola in ihrer Kindheit ihre beiden Brüder verlor, war es unüblich, verwaiste Geschwister bei der Verarbeitung ihrer Trauer zu unterstützen. *Man sprach einfach nicht mehr darüber und hoffte, dass der Verlustschmerz dadurch abnehmen würde.* Das Unangenehme wurde verdrängt und die verdrängte Trauer legte sich wie ein Grauschleier über Carolas Leben und verhinderte ungetrübte Lebensfreude und Genussfähigkeit.

Im Gegensatz zu früher weiß man heute, dass der Umgang mit Sterben, Tod und Trauer für Kinder eine besondere Dimension ist. In speziellen Seminaren können Kinder und Jugendliche lernen, den Verlust geliebter Menschen zu verarbeiten.

Noch schlimmere Folgen hatte die verdrängte, verschleppte Kindertrauer bei einer Frau, die als 10-jähriges Mädchen ihre Mutter verloren hat:

»Meine Mutter starb an den Folgen eines Autounfalls. Ich war damals fast zehn Jahre alt, mein Bruder fast zwölf. An diesem Tag holte mich die Mutter einer Freundin von der Schule ab. Ich wunderte mich darüber nicht weiter, denn kurz vorher war mein Opa gestorben und ich dachte, meine Mutter hätte noch etwas zu regeln. Am Abend holte mein Vater mich ab. Im Hausflur meiner Großeltern sagte er zu mir und meinem Bruder: »Ihr müsst jetzt ganz stark sein, Mama hatte einen Unfall und ist tot.« Ab diesem Tag erwartete jeder von mir, dass ich stark sein müsse. Ich habe es nicht verstanden, dass meine Mutter nicht zurückkehren würde. Alle behandelten mich wie ein rohes Ei, niemand

sprach mit mir über ihren Tod, niemand weinte mit mir. Ich war wie versteinert. An den Tag ihrer Beerdigung erinnere ich mich nicht, ich war nicht dabei. An die folgenden Monate erinnere ich mich kaum. Wir bekamen eine Haushälterin. Sie hatte lange blonde Haare, wie meine Mutter. Einmal, als sie sich kopfüber die Haare wusch und ich die langen blonden Haare im Waschbecken sah, dachte ich, meine Mutter sei zurückgekehrt. Ein Gefühl der Freude überkam mich, bis ich merkte, dass es nicht stimmte.

Dadurch, dass niemand mit mir über meine Mutter sprach, begriff ich einfach nicht, dass sie nie wieder zurückkehren würde. Ich erinnere mich nur an ein wichtiges Gespräch mit meinem Vater. Ich hatte ihn offensichtlich gefragt, was Glück im Unglück sei. Er sagte, es sei Glück im Unglück, dass unsere Mutter gestorben sei, er aber uns noch hätte. Er bat uns, weiterhin gut für die Schule zu lernen. Ansonsten war mein Vater in dieser Zeit für mich nicht erreichbar. Er arbeitete den ganzen Tag und kam immer erst nach Hause, wenn wir schon im Bett lagen. Ich kann mich an kein gemeinsames Abendessen in dieser Zeit erinnern. Unsere Haushälterin verließ uns um 19 Uhr, danach waren mein Bruder und ich alleine. Mit meinem Bruder hatte ich schon von klein auf kein gutes Einvernehmen. Deswegen waren wir uns auch in dieser Zeit keine große gegenseitige Stütze. Der Verlust hat uns einander nicht näher gebracht. Aber ich hatte zumindest keine Angst, wenn er da war. Ich hatte jedoch immer Angst, mein Vater käme auch eines Tages nicht wieder. Ich habe oft wachgelegen, bis er nach Hause kam.

Als ich knapp elf Jahre alt war, heiratete mein Vater eine Freundin meiner Mutter, die ihre zwei Söhne mit in die Familie brachte, mit denen ich mich immer sehr gut verstanden habe.

Ich reagierte mit bedingungsloser Anpassung und der Verleugnung des Todes meiner Mutter auf alles, was um mich herum passierte. Meine neue Mutter sollte meine Mutter sein, ich wollte mit aller Macht wieder eine normale Familie haben. Nach außen hin wirkte ich sicherlich so, als hätte ich den Verlust meiner Mutter sehr gut verkraftet. So habe ich lange Jahre gelebt, in denen es mir manchmal schlecht ging, ohne dass ich wusste warum. Der Verlust meiner Mutter und die nicht gelebte Trauer haben mein gesamtes Leben, meine Berufswahl, meine Beziehungen und mein Selbstbewusstsein überschattet. Es war mir nicht bewusst, dass dort die Wurzel meines Unglücklichseins lag.
2001 und 2004 habe ich jeweils eine Tochter bekommen, das waren die glücklichsten Momente meines Lebens. Als meine ältere Tochter drei Jahre alt war, fragte sie mich, ob ich in den Himmel käme, wenn ich sterben würde. Dieser Satz hat bei mir eine Lawine ausgelöst. Ich erinnerte mich, dass ich auch mal dieses kleine Mädchen war, das seine Mutter solche Dinge gefragt hat. Die Trauer ist über mich hereingebrochen. Je mehr ich mich mit dem Tod meiner Mutter auseinandersetzte, umso mehr war mir, als würden sich viele Türen öffnen, die ich vor langer Zeit sorgfältig verriegelt hatte. Das Öffnen der Türen kostete Kraft und Tränen, aber mit jeder offenen Tür ging es mir besser. Später habe ich erkannt, dass man sich so lange vor dieser Auseinandersetzung schützt, bis man die Trauer zulassen kann und darf. Nachdem ich eine eigene Familie gegründet hatte, hatte ich den nötigen Rückhalt, um der Trauer zu begegnen. Ich hatte das Glück, einer sehr guten Trauerbegleiterin begegnet zu sein, mit der ich meine Trauer aufarbeiten konnte. Immer wieder schmerzt die Wunde und dann und wann bricht auf einmal die Trauer über mich herein. Ich sehe Frauen meines Alters mit ihren

Müttern, ich bekomme mit, wie die Beziehung sich intensivieren kann, wenn die Tochter selber Mutter wird. Das sind Erfahrungen, die ich nie machen werde. Ich werde meine Mutter nie als Erwachsene kennen lernen können, ich werde nie wissen, was sie zu diesem oder jenem gesagt hätte.«

5. Trauer nach Suizid

Der Verlust eines nahe stehenden Menschen geht unter die Haut. Ob eine Partnerschaft zerbricht oder ein Familienmitglied stirbt, mit dem Verlusterleben gehen Trauer, Angst und Schmerz einher. Im Netz sozialer Beziehungen, mit Unterstützung durch Familie und Freunde, wächst allmählich die Bewältigung des Leidens. Die Zeit heilt tatsächlich Wunden. Wenn man jedoch einen Menschen unter besonders dramatischen oder tragischen Umständen, wie es der Selbstmord darstellt, verliert, kann der Trauerprozess durch Schuldgefühle, Rückzug auf sich selbst und Kreisen um immer ein und dieselben Gedanken gestört oder ganz unterbrochen werden.

Stirbt ein Mensch durch Selbstmord, stehen die Hinterbliebenen zudem oft vor der drängenden Frage des »Warum«. Vor jedem Suizid steht der Verzweiflungsschrei einer Seele. Derjenige, der seinem Leben selbst ein Ende setzt, sieht sich in einer ausweglosen Lage, einer Zwangslage und hält ein Weiterleben für sinnlos.

Eine junge Frau, die ihren Mann durch Suizid verloren hat, meint:

»Ich kann es kaum ertragen, wenn man von »Selbstmördern« spricht. Das sind doch keine Verbrecher, sondern Menschen, die an ihrem eigenen Leben verzweifelt sind. Die Bezeichnung Selbstmord ist brutal, stigmatisiert und grenzt aus. Ich kann mit der Bezeichnung Suizid besser umgehen.
Nach meiner Trauererfahrung habe ich gemerkt, dass ich ein anderer Mensch geworden bin und nun nicht mehr in die meist oberflächliche Welt von vorher passe. Heute komme ich besser

mit solchen Menschen zurecht, die das gleiche Schicksal mit mir teilen. Am schlimmsten aber sind für mich nach wie vor noch die Sonntage, die ja Familientage sind. Sonntags nehme ich verstärkt komplette Familien wahr und erkenne dadurch umso stärker meinen Verlust und – dass es nie mehr so sein wird wie früher.«

Wenn ein alter, schwer kranker Mensch seinem Leben ein Ende setzt, nicken Außenstehende oft zustimmend: »*Das war wohl das Beste.*« Tötet sich dagegen ein Jugendlicher, sind Eltern, Verwandte und Freunde oftmals der harten Frage ausgesetzt: »*Wart ihr blind für die Sorgen dieses Kindes?*«

Angehörige tragen die Last der Frage nach den Gründen für den Suizid und fühlen sich mitschuldig, und der einzige Mensch, der sie entlasten könnte, ist tot.

Der Suizid ist nicht nur eine private Tragödie, sondern ein öffentliches Ereignis, über das die Tageszeitungen berichten und das Ermittlungen der Polizei nach sich zieht. Suizid ist ein plötzlicher, gewaltsamer und manchmal auch grausamer Tod, der mit einem Tabu behaftet ist.

Wenn die Hinterbliebenen von dem Suizid erfahren, erleiden sie meistens einen Schock. Sie werden verhört, persönliche Dinge des Toten werden gesichert, die Wohnung wird nach einem Abschiedsbrief durchsucht. Der Leichnam wird beschlagnahmt, und den Hinterbliebenen wird die Möglichkeit genommen, persönlich von dem Verstorbenen Abschied zu nehmen. Aber auch nach der Beerdigung ist längst nicht alles vorbei. Schuldzuweisungen und Selbstvorwürfe erschweren Trauer. Die meisten Hinterbliebenen leiden oft über lange Zeit unter Schuldgefühlen. Es bleibt die quälende Frage, ob man den Suizid nicht hätte verhindern können, die sich nicht nur Angehörige, sondern auch andere Personen im sozialen Umfeld des Selbstmörders stellen. Dabei kommt es häufig zu angedeuteten oder offen ausgesprochenen Schuldzuweisungen und Vorwürfen und oft zu Besserwisserei. Trauernde fühlen sich unverstanden, stigmatisiert, ziehen sich aus der Öffentlichkeit zurück und bewältigen ihre Trauer, die keine gesellschaftliche Anerkennung findet, nur schwer. Zu der besonders schwierigen Trauer nach Suizid gehört das Gefühl, verlassen worden zu sein. Viele Betroffene sehen im Leben keinen Sinn mehr, es gelingt ihnen nicht, sich an die neue Wirklichkeit anzupassen.

Suizid ist eine »unnormale« Todesursache, und die, die am wenigsten Mitgefühl und Verständnis zur Folge hat. Die schlimmste, vorstellbare Trauersituation ist der Freitod eines Kindes. Der Verlust eines Kindes ist der Verlust von Zukunft, und wenn das Kind dann auch noch den Freitod gewählt hat, ist die Trauer besonders heftig. *»Man wird mit diesem Tod zwar im Kopf fertig, aber die Seele akzeptiert ihn erst viel, viel später«*, berichtet eine Mutter im Trauerseminar. Ein Vater äußert: *»Das dunkle, unvorstellbare Geschehen wird Hinterbliebene ein Leben lang begleiten. Es bewirkt, das wirklich Wichtige im Leben von Unwichtigem zu unterscheiden.«*

Eine Mutter erzählt vom Selbstmord ihres Sohnes, den sie als »Supergau« empfand:

»Wie schwer es zu ertragen ist, wenn Eltern ihr einziges Kind verlieren, kann sich niemand wirklich vorstellen. Ich als Mutter glaubte, verrückt zu werden. Wenn ich früher von Selbstmordfällen junger Menschen hörte, fand ich das schrecklich, konnte mich aber niemals selbst in die Trauer hinterbliebener Eltern hi-

neinversetzen. Heute weiß ich aus Erfahrung, wie es sich anfühlt, vor den Scherben des gesamten Lebensinhaltes zu stehen. Mein geliebter Sohn Lenny ist ohne Vorwarnung von uns gegangen, für immer und unabänderlich. Er war gerade erst 18 Jahre alt und hatte sein Leben noch vor sich. Niemals hätte ich mir vorstellen können, von einem solchen Schicksal heimgesucht zu werden.
Lenny war ein sehr lebenslustiger Mensch, war beliebt und hatte viele Freunde, so dass uns als Eltern dieser Schritt absolut unverständlich erscheint. Warum? Ich kann es einfach nicht begreifen. Der Verlust ist nicht vermittelbar, der Schmerz unerträglich, das Leben völlig sinnlos.
Was hatte Lenny für einen Grund, sich das Leben zu nehmen? Mein Mann und ich haben uns den Kopf zermartert, es gab keine Erklärung, keinen Abschiedsbrief, nichts! Wir fragten alle seine Freunde, Bekannten, ob sie vielleicht eine Vermutung hatten. Es bleiben nur Vermutungen und offene Fragen, auch für seine vielen Freunde, mit denen er bis kurz vor seinem Entschluss Spaß gehabt hatte.
Bevor wir Lenny beerdigen mussten, nahmen mein Mann und ich noch einmal bewusst Abschied. Mit zitternden Knien und tiefem Schmerz machten wir uns die Realität der Endgültigkeit seines Todes bewusst.
Lenny ist nicht mehr bei uns, aber immer wieder taucht die Frage nach dem Warum auf. Warum? Lenny war doch so beliebt. Mit welchem Problem ist er nicht fertig geworden? Haben wir als Eltern versagt, ihn falsch erzogen? Das Wechselbad der Gefühle pendelt zwischen Wut, Hass, Verzweiflung, Schmerz. Es ist furchtbar und ich frage mich, wann das endlich aufhört.«

In diesem Fallbeispiel haben die Eltern eine Suizidgefährdung ihres Sohnes nicht erkennen können.

Aber es gibt auch Charaktere, die als **suizidgefährdet** gelten: Depressive, Kontaktgestörte, Vereinsamte. Wenn Menschen direkte Hinweise geben, dass sie aus dem Leben scheiden wollen, steht selten ein ernsthafter Vorsatz dahinter. Solche Botschaften sind als Hilfeschreie zu verstehen, dass man sich um diese Menschen mehr kümmern sollte.

Problematischer sind »verschlüsselte Botschaften« von Suizidgefährdeten. Diese zu erkennen, ist nicht einfach. Oft wird den Angehörigen erst nach dem Suizid klar, welche Zeichen der Verstorbene ihnen noch zu Lebzeiten gegeben hat.

Mir ist ein Fall eines 65-jährigen Ehemanns und Vaters bekannt, der akribisch seinen »Abgang« organisierte. Er löste z. B. alle Lebensversicherungen auf, regelte seinen Nachlass bis ins kleinste Detail und kaufte eine Grabstätte. Als er alles geregelt hatte, ging er eines Nachts ins Gartenhäuschen und erschoss sich. Nachdenklich muss es erscheinen, dass der Mann Jahre zuvor gesagt hatte, dass er nicht älter als 65 Jahre werden wollte.

Bei einem Suizid machen Hinterbliebene Furchtbares durch. Sie spüren Schmerz über den Tod eines geliebten Menschen. Sie fühlen sich verstoßen und allein gelassen. Manchmal empfinden sie auch Wut und Zorn darüber, dass dieser Mensch sie ohne Worte und ohne eine Erklärung für immer verlassen hat und sie ihrem Schicksal überlässt.

In der Zeit nach dem Verlust eines Angehörigen durch Selbsttötung ist die Haut dünn, die Nerven liegen blank. Alles wird ganz intensiv erlebt. Viele stellen aber auch fest, dass sie gemieden, manchmal sogar geschnitten werden. Oft zerbrechen sogar alte Freundschaften.

Einen offenen und toleranten Umgang mit Suizid und dem Trauma der Hinterbliebenen gibt es bei uns nicht. Suizid ist ein Tabuthema, das nicht nur die Menschenwürde der Toten und deren Hinterbliebener verletzt, sondern letztere diskriminiert und stigmatisiert und damit in ihrer Trauer stark einschränkt. Für Hinterbliebene von »Selbstmördern« gibt es nur wenig Hilfsangebote im Gegensatz zu Angeboten für suizidgefährdete Menschen und Suizidüberlebende.

Hilfen für die Angehörigen in ihrer Trauer

- Es hilft Hinterbliebenen, die eine Trauer wegen Suizids erleiden, dass ihnen die Menschen nicht aus dem Weg gehen, sondern Kontakt halten und sich ganz natürlich verhalten.
- Eine besondere Hilfe ist es für Hinterbliebene, die sich wegen der »besonderen Trauersituation« zurückziehen, wenn sie eingeladen und bekocht werden und damit aus ihrer Isolation herausgeholt werden.
- Hilfreich für Betroffene ist es auch, wenn man ihnen nicht ausweicht und sich bei Unterhaltungen nicht an »Allgemeinplätzen« aufhält, um das »Eigentliche« zu vermeiden.
- Für Betroffene ist es unmöglich, in ihrer Ohnmacht, Verzweiflung und Trauer den Kontakt zu anderen zu suchen. Deshalb hilft es solchen Menschen, wenn andere auf sie zukommen.
- Entlastend wirkt es auf Trauernde, wenn der durch Suizid aus dem Leben Geschiedene nicht »totgeschwiegen«

wird. Zur Trauerverarbeitung gehört es, dass immer wieder über den Verstorbenen gesprochen werden kann.

- Wichtig ist für Trauernde das Verständnis dafür, dass die Achterbahnfahrt der Gefühle noch lange nicht zu Ende ist, auch wenn die Umgebung bereits wieder zur »Tagesordnung« übergegangen ist. Wenn Trauernde nicht nur traurig sind, sondern auch Ärger und Wut äußern, dann ist es wichtig, Verständnis zu zeigen und sich nicht von ihnen abzuwenden.
- Trauernde sind äußerst sensibel, und deshalb sollte sie niemand nur rhetorisch fragen *»wie geht's?«* Grundsätzlich sollte man nur dann fragen, wenn man bereit ist, sich auf eine ehrliche Antwort einzulassen.
- Wer daran denkt, dass das Geschehen um den Suizid für betroffene Angehörige immer gegenwärtig ist, unabhängig davon, wie lange es her ist, wird verstehen, dass das Trauma durch Suizid unabänderlich zum Leben Betroffener gehört, dass zwar die geschlagenen Wunden heilen können, aber nie wirklich weg sind.
- Inzwischen hat die evangelische Kirche die große Hilfe durch Spiritualität erkannt und bietet in manchen Regionen Trauergottesdienste für verstorbene Kinder und Menschen, die durch Suizid gestorben sind, an. Trauernden wird durch Rituale die Möglichkeit gegeben, sich von der schweren Last zu befreien. (Jeder Trauernde bekommt einen Stein, auf den er den Namen seines Angehörigen schreibt und den er dann als Symbol für die Last der Trauer Gott zu Füßen legt. Für jeden Toten wird ein Licht aufgestellt und er wird namentlich benannt.)
- Die beste Langzeithilfestellung erfahren von Suizid Betroffene durch spezielle Selbsthilfegruppen nach Suizid.

Es ist eine Gruppe, deren Mitgliedern Gleiches widerfahren ist. Man trifft sich regelmäßig zu Gruppenabenden, bietet sich gegenseitig Verständnis, Geborgenheit und Trost und verarbeitet gemeinsam den Tod eines geliebten Menschen, der sich das Leben genommen hat. (Adressen im Anhang/Hilfen nach Suizid)

- In Situationen, in denen die Trauer übermächtig wird und man niemanden hat, mit dem man sich aussprechen kann, ist die Telefonseelsorge zu empfehlen (Adresse im Anhang)
- Weiterführende Literatur finden Sie im Anhang unter »Trauer nach Suizid«.

Begegnung und Kontakt

1. Der Friedhofsbesuch

Friedhöfe sind Kulturstätten, die der Bestattung der Toten und ihres Gedenkens dienen. Sie sind Orte der Trauerbewältigung, der Erinnerung und der Besinnung. Der besondere Charakter von Friedhöfen ermöglicht den Besuchern den Zugang zu Gedanken, die im alltäglichen Leben keinen Raum haben. Hier können die Lebenden auf Grund der allgegenwärtigen Vergänglichkeit der Konfrontation mit dem Thema Tod nicht ausweichen.

Hier erinnern sich die Menschen derer, die ihr Leben ermöglicht, geprägt und bereichert haben. Es ist auch der Ort, wo sich die Menschen – wenigstens gelegentlich – mit ihrer eigenen Begrenztheit und dem eigenen Sterben auseinandersetzen. *Es ist der Ort, wo Trauernde traurig sein dürfen.*

Friedhöfe sind aber weit mehr als Begräbnisplätze. *Sie bilden durch ihren besinnlichen Charakter Oasen der Ruhe und Entspannung.* Sie bieten durch ihre teilweise erhebliche Größe und Ungestörtheit gute Voraussetzungen für Menschen, die Ruhe und Abgeschiedenheit suchen. Hier erholen sich erschöpfte Stadtmenschen und freuen sich alte Menschen, die nicht mehr so mobil sind, an der Natur. Hier kann die Grabpflege mit dem Treffen von Bekannten und einem Spaziergang verbunden werden. Es bietet sich die Möglichkeit zur Kommunikation zwischen den Besuchern, die auf Grund des ähnlichen Zweckes ihres Besuches leicht einen Anknüpfungspunkt für ein Gespräch finden.

Früher befanden sich Friedhöfe in der Ortsmitte, um die Kirche herum. Wer zur Kirche ging, betrat zuerst den Friedhof, der das Entree zur Kirche war. Nach dem sonntäglichen Gottesdienst besuchte man dort die Gräber der Angehörigen, brachte frische Blumen zum Grab oder sprach ein Gebet. In manchen Gegenden befindet sich auf dem Grab auch ein Behälter mit Weihwasser mit einem Buchsbaumzweig, damit jeder Besucher die Grabstätte segnen kann. Da in ländlichen Regionen jeder jeden kennt, wird der Kirchgang mit nachfolgendem Besuch der Gräber der Angehörigen zu einer »Kontaktbörse«, wo man über wichtige aber auch banale Dinge spricht, sich austauscht. Das ist auch anderswo zu beobachten, dass alte Männer und Frauen, die ihren Partner/in verloren haben und täglich zum Friedhof gehen, um die Gräber ihrer Lieben zu pflegen, dort auch neue Kontakte knüpfen zu Menschen, denen es ebenso ergangen ist. In großen Städten mit ihren Zentralfriedhöfen, die eher an große Parkanlagen erinnern, ist der Friedhof anonymer geworden.

Friedhöfe sind ein beachtlicher Teil der grünen Lunge unserer Städte und ein wichtiger Bestandteil des Grünsystems der umweltbelasteten Städte. Sie laden ebenso zum Spaziergang ein wie zur stillen Erholung und inneren Einkehr. Spaziergänge auf alten Friedhöfen bieten viel Stoff zum Nachdenken. Grabmäler erzählen Geschichten. Vor allem alte Friedhöfe mit ihren Bäumen, blühenden Sträuchern und gepflegten Gräbern vermitteln eine besondere Atmosphäre. Beim Vorbeiwandern an aufwändig gestalteten Grabmälern und liebevoll gepflegtem Blumenschmuck lässt die Alltagshektik nach. Eben noch wichtige Probleme schrumpfen angesichts alter Inschriften, von denen sich Schicksale ablesen lassen.

Vor allem ältere Friedhöfe gehören zu den ökologisch bedeutendsten Flächen in einer Stadt, denn an keinem anderen Ort brüten so viele seltene und auf der »Roten Liste« stehende Vogelarten. Dank des sehr unterschiedlichen Angebots an Bäumen und Sträuchern und der mannigfaltigen Grabgestaltung ist ihr Artenreichtum innerhalb der Städte unvergleichbar. *Friedhöfe sind daher nicht nur emotional und kulturell von Bedeutung, sondern auch ökologisch wertvolle Inseln in den durch Umwelteinflüsse stark belasteten Städten.*

Besuche der Gräber zu Feier- und Gedenktagen – vor allem im November – wie auch die Grabpflege sind heilsame Rituale, die der eigenen Seele helfen, wenn das Grab in liebevollem Erinnern bepflanzt und gepflegt wird. Kummer und eventuelle Schuldgefühle lassen sich besser verarbeiten und drücken weniger stark. Auch der grüne und blühende Rahmen des Friedhofs wirkt entspannend. Und wenn dann noch das Summen der Bienen und Hummeln über den Blüten ertönt und der Gesang der Vögel, dann werden Pflanzen auf dem Grab in mehrfachem Sinn zum Mittler zwischen Leben und Tod.

Rituale gegen das Vergessen gibt es viele und sie sind regional auch sehr unterschiedlich. Irgendwo las ich eine wunderbare Definition: »*Was eine Kultur wert ist, erkennt man an der Art und Weise, wie sie mit ihren Toten umgeht*«. Der Toten zu gedenken, ist ein ehrenvolles Ritual. Sich ihnen in Liebe verbunden zu wissen, ist ein Zeichen tiefer Menschlichkeit. Es ehrt ein Volk, wenn es liebevoll die Gräber seiner Toten pflegt. Und es ist ein Zeichen tiefer Verbundenheit, wenn jemand für seine Verstorbenen betet, sie und ihr Leben Gott empfiehlt.

2. Gesprächskreise für Trauernde

Die schwerste Trauerphase beginnt oft erst nach der Beerdigung und sie kann lange anhalten. Trauer braucht Zeit. Trauernde Menschen bleiben in ihrem Schmerz oft allein. Viele wagen es nicht, anderen ihren Schmerz zuzumuten, ihre Trauer zu zeigen und sich auf ihrem Trauerweg helfen zu lassen. Angehörige und Freunde fühlen sich in dieser Zeit manchmal überfordert, den Trauernden beizustehen.

Viele Trauernde besinnen sich in dieser Phase (wieder) auf ihre Glaubensgemeinschaft. Gehen Sie in eine offene Kirche, gehen Sie in den Gottesdienst, dort können Sie weinen, wenn Ihnen danach ist, und Sie sind dabei nicht allein. Sie können Ihre Pfarrerin/Ihren Pfarrer jederzeit um weitere Begleitung bitten.

Eine weitere Möglichkeit, Trost und Hilfe zu bekommen, besteht darin, an **Gesprächskreisen** für Trauernde teilzunehmen.

So bleiben Sie mit Ihrer Trauer nicht ganz allein, auch wenn das Bedürfnis nach Rückzug und Alleinsein ebenfalls zum Weg der Trauer gehört.

Gesprächskreis für Trauernde bietet die Trauerakademie Pütz-Roth im »*Haus der menschlichen Begleitung*« in Bergisch Gladbach[17] in regelmäßigen Abständen an.

Der Gesprächskreis richtet sich an Menschen, die vor einiger Zeit einen ihnen wichtigen Menschen durch Tod verloren haben. Sich im Kreise von ebenfalls betroffenen Menschen auszutauschen, kann hilfreich sein. Mit gegenseitiger

17. Private Trauer Akademie Fritz Roth, Kürtener Straße 10, 51465 Bergisch Gladbach, Telefon 02202/93580, www.puetz-roth.de, E-Mail: info@trauerakademie.de, Aktivitäten des Bestatters Fritz Roth.

Unterstützung und unter fachkundiger Leitung kann man gemeinsam Trost und neue Entwicklungsmöglichkeiten finden.

Die Treffen von jeweils etwa zwei Stunden finden in regelmäßigen Abständen am Spätnachmittag und Abend statt. Es werden auch Wochenendveranstaltungen angeboten, bei denen unter fachkundiger Leitung über das Gespräch hinaus Meditations-, Körper- und Atemübungen praktiziert werden. Der Unterstützung eigener Kreativität ist ein Gestalt- und Mal-Seminar gewidmet, in dem Trauernde ein Denkmal für Verstorbene gestalten können, z. B. ein so genanntes Totenbrett.

(Viele Jahrhunderte lang gab es den Brauch, den Verstorbenen auf ein Totenbrett zu legen und ihn vom Wohnsitz aus in die Kapelle zu geleiten. Oft war dieses Totenbrett in ganz persönlicher Weise liebevoll bemalt oder beschriftet und wurde nach der Beerdigung zur Erinnerung an den Verstorbenen im Freien an besonderen Orten aufgestellt.)

In Ostwestfalen gibt es das *Haus Salem*[18], in dem regelmäßig **offene Gesprächsgruppen für Menschen in Trauer** angeboten werden. In der Regel finden diese Treffen jeden vierten Dienstag im Monat in der Zeit von 18.00 bis 20.00 Uhr statt. Der **Gesprächskreis für trauernde Eltern** findet jeden ersten Mittwoch im Monat von 18.00 bis 20.00 Uhr statt.

Auch der *Evangelische Kirchenkreis Köln-Rechtsrheinisch*[19] führt Gesprächskreise für Trauernde durch. Parallel dazu

18. Haus Salem, Ansprechpartnerin: Sr. Claudia Fischer, Bodelschwinghstraße 181, 33617 Bielefeld-Bethel, Tel.: 0521/1442486, Fax: 0521/1416081
19. Evangelischer Kirchenkreis Köln-Rechtsrheinisch; Kontakt: Tel.: 02191/55712, Mobil: 0170-6344044, E-Mail: Kristiane.voll@web.de

werden Informationsveranstaltungen zu verschiedenen Themen aus dem Feld »Sterben, Abschied, Tod und Trauer« angeboten und auch Schulungsangebote für Menschen, die Trauernden in ihrer Arbeit begegnen. Darüber hinaus gibt es Informationen, die »Verwaiste Eltern und Geschwister« betreffen.

Diakonische Bezirksstellen[20] vermitteln Kontakt zu verschiedenen Gesprächskreisen und Gruppen.

Die *Evangelische und katholische Familien-Bildung* bietet Seminare, Veranstaltungen, Vorträge und Gesprächskreise zu den Themen Tod und Trauer an, z. B. in Warendorf (Münsterland)[21].

20. Kontakt: www.diakonie-service.de
21. Haus der Familie, Familienbildungsstätte, Hohe Straße 3, 48231 Warendorf, Tel.: 02581/2846, Fax: 02581/2782, E-Mail: hdf-warendorf@t-online.de, Internet: www.hdf-warendorf.de

3. Urlaub, Freizeiten und Kochseminare für Trauernde

Im Urlaub empfinden Trauernde den Verlust eines geliebten Menschen doppelt stark. Erinnerungen an frühere gemeinsame Urlaube werden wach. *Schmerzlich wird bewusst, dass man seine Freuden und Erlebnisse nicht mit dem Verstorbenen teilen kann.* Hat man überhaupt noch die Kraft, neue Eindrücke aufzunehmen oder sich über irgendetwas zu freuen?

In dieser Situation brauchen Hinterbliebene die Möglichkeit, sich Freunden oder Verwandten mitzuteilen und nehmen jedes mitfühlende Wort dankbar auf.

Doch diese sind weit weg im Heimatort oder – in der Ferienzeit – oft selbst verreist und dann auch innerlich weit weg vom Lebensgefühl Trauernder.

Von daher ist es für die Hinterbliebenen wichtig, dass sie in ihrer Einsamkeit nicht völlig abgeschrieben sind, sondern das Gefühl bekommen, dass ihre Freunde und Verwandten noch an sie denken, auch während sie in Urlaub sind. So ist es einfach gut, vor der Abfahrt in den Urlaub noch einen Besuch bei Trauernden zu machen, sie mal im Urlaubsort anzurufen, denn Trauernde warten auf ein Zeichen. *Dadurch erlebt der Trauernde, nicht vergessen zu sein.*

Viele akut Trauernde versuchen zwar, durch einen Urlaub, den Umgebungswechsel, die Ablenkung durch bevorzugte Landschaften, Animationen und Happenings die unangenehmen Gefühle der Trauer zu kompensieren. Meist gelingt das jedoch nicht, weil Trauernden die Offenheit fehlt, auf andere Menschen zuzugehen. Darüber hinaus fehlt ihnen die positive Ausstrahlung, die andere Menschen anspricht. Und wer möchte sich schon im Urlaub das gerade erlittene Schicksal eines anderen Menschen anhören und sich damit selbst die Urlaubsfreude trüben lassen?

Ein Urlaub, um zu vergessen und der Trauer zu entfliehen, muss in Enttäuschung enden, weil kein Mensch Gedanken und Gefühle abschalten oder für die Zeit des Urlaubs zu Hause lassen kann. Wie abgrundtief traurig ist es, wenn ein Trauernder im Luxushotel in einem eleganten Zimmer sitzt, sich dort einigelt, weil er in seiner Trauer völlig sich selbst überlassen ist. Deshalb kann es vorteilhafter sein, Urlaub in seiner gewohnten Umgebung zu machen und die Menschen um sich zu haben, die einen in der Trauer auffangen können.

Ute W., 56, verwitwet, erzählte in meinem Trauerseminar folgende Geschichte zum Thema Trauer und Urlaub:

»Mein Mann, 58, hatte zwar vor zehn Jahren schon mal einen Schlaganfall, starb jedoch unerwartet plötzlich, wurde mitten aus dem Leben gerissen. Ich dachte nur noch, ich würde verrückt. Ich habe weder essen noch schlafen können und war bald so entkräftet, dass ich nicht mal mehr meiner Arbeit nachgehen konnte. Zu Hause zu bleiben, war für mich noch schlimmer, als arbeiten zu gehen. Durch meine Arbeit war ich wenigstens während der Zeit am Arbeitsplatz abgelenkt und gefordert. Doch mit Konzentrationsstörungen war ich dort nicht zu gebrauchen. Mein Chef empfahl mir, einen Urlaub oder eine Kur zu machen, um auf andere Gedanken zu kommen. Weil ich es zu Hause nicht mehr aushalten konnte und mir die Decke auf den Kopf fiel, stürzte ich mich in das Abenteuer einer »Last-Minute-Reise«. Der Urlaubsort war wundervoll, Klima und Vegetation auch. Das Vier-Sterne-Hotel ließ keine Wünsche offen. Ich bewohnte

ein Doppelzimmer ganz allein. Es hatte zwar einen wunderbaren Meerblick, es machte mir aber auch bewusst, dass das zweite Bett leer war, dass mein Mann nicht da war. Ich fühlte mich in all dem Luxus unendlich traurig und allein. Hätte ich nicht meine Familie gehabt, die mich täglich telefonisch aufrichtete, ich kann nicht sagen, ob ich das ausgehalten hätte. Am Esstisch, zu den Mahlzeiten, saß ich allein, beim Stadtbummel war ich in Menschenmassen und trotzdem allein. Ich hatte niemanden, mit dem ich hätte sprechen oder mich austauschen können. Plötzlich sah ich nur noch verliebte Paare, die ihren Urlaub und ihre Zweisamkeit genossen und fühlte mich immer schlechter. Ich dachte, ein Szenenwechsel sei für mich der richtige Weg. Leider habe ich feststellen müssen, dass man der Trauer nicht entfliehen kann. Vielleicht wäre es für mich besser gewesen, mich nach Gleichgesinnten oder einem Trauerseminar umzusehen. Ich habe erkannt, dass ich Menschen brauchte, die mich verstanden im Chaos meiner Gefühle. Dieses Gefühl habe ich hier, im Trauerseminar gefunden, aber auch in meiner Familie. Wer aber keine Familie hat, der ist hier besser aufgehoben als im teuersten Luxusurlaub.«

Es stellt sich also die Frage: Trauer und Urlaub – passt das zusammen?

Eine positive Antwort versprechen die angebotenen »***TrauDichReisen***«[22]:

Viele Trauernde brauchen Abstand und müssen erst mal raus aus der gewohnten Umgebung. *TrauDichReisen* bucht

22. TrauDichReisen, Martina Taruttis-Schöndelen, Kapellenbruch 209, 41372 Niederkrüchten, Tel.: 02163/82245, Fax: 02163/571769, E-Mail: TrauDichReisen@online.de

heute Urlaube auf Mallorca, in Schweden, Süd-Frankreich, auf den Inseln Föhr und Wangerooge, der Bodensee und das Emsland sind weitere Ziele. Die Chefin des Reiseunternehmens ist ausgebildete Trauerberaterin. In Abschiedsritualen gibt sie Trauernden die Möglichkeit, mit der Vergangenheit abzuschließen, Altes loszulassen und den Blick auf die Zukunft zu richten. Insofern können *TrauDichReisen* für Trauernde ein heilsamer Schritt aus der Lebenskrise sein.

Für trauernde, verwaiste Geschwister gibt es spezielle Geschwisterfreizeiten[23].

Ann-Katrin, ein 15-jähriges Mädchen, schrieb ihre Erfahrungen auf:

»Jeder, der einen Bruder oder eine Schwester verliert, kennt das Gefühl, alleine zu sein, ich auch. Ich habe oft das Gefühl. Anders jedoch ist es, wenn ich einmal im Jahr zur Geschwisterfreizeit gehe. Mein Bruder ist ertrunken. Auch bei allen anderen Kindern und Jugendlichen im Alter von 7–18 Jahren sind die Geschwister gestorben, auf verschiedenste Art und Weise. Ich freue mich jedes Jahr auf die Freizeit. Denn ich weiß ganz genau, dass sie ein Ort ist, an dem ich verstanden werde, bei dem die anderen dieselben Ängste, Probleme und Schicksale haben. Ich kann mich fallen lassen und muss nicht stark sein und funktionieren. Ich kann Arm in Arm mit meinen Freunden weinen. Die Freizeit gibt mir so viel. Sie ist wie eine Tankstelle in meinem turbulenten Leben, erfüllt von Pubertät und Trauer. Ich habe so gute Freunde kennen gelernt, mit denen ich Kontakt habe. Ich kann mit ihnen über meine Trauer reden, die Mitschüler, Eltern und andere Leu-

23 www.veid.de

te nicht verstehen. Es gibt in der Freizeit zwei Gesprächsgruppen: Die Kleinen im Alter von 7–12 zusammen, die Großen im Alter von 13–18. Jedes Mal bei der Freizeit wird ein anderes Thema behandelt. Mal sprechen wir darüber, welche Stellung unser Geschwister in unserer Familie hatte, mal über den »kleinen Prinzen«, oder über Bücher wie »Mein Bruder ist immer noch mein Bruder« oder »Meine Schwester ist ein Engel«. Die Seminarleiter stellen uns Bücher vor, die uns durch unsere Trauer begleiten können. Jedes Mal gibt es große Kisten Bücher, in denen wir stöbern und uns etwas heraussuchen können zum Thema Geschwistertrauer. Jedes Mal machen wir etwas Kreatives. Ich habe schon mal eine Wolke gebastelt mit einem Bild von meinem Bruder drauf und mit anderen Sachen beklebt. Sie hängt noch in meinem Zimmer. Dann haben wir mal ein Familien-Mobile gemacht. Wir sollten darstellen, wer welchen Wert in unserer Familie hat. Ich habe meinen Bruder als Fisch in dem Mobile dargestellt. Das letzte Mal hat jeder für sich auf ganz verschiedene Art und Weise seine Geschichte dargestellt. In wichtige Abschnitte aufgeteilt. Ich hab meinen gesamten Lebenslauf gemalt bzw. gestaltet. Mir ist dabei einiges klar geworden.
Die Atmosphäre ist sehr schön. Wir sind alle zusammen mit unseren Schicksalen und Gefühlen, und doch ist jeder in sich und überlegt sich, wie er was sieht und wo sein Geschwister steht in seiner Geschichte. Dass Tränen fließen, ist für jeden normal. Für mich ist das Kreativ-Sein ein sehr gutes Ventil, um einige Gedanken und Dinge herauszulassen. Es ist ein sehr wichtiges Element der Freizeit. Was mir auch immer sehr viel gibt, ist die Traumreise. Immer eine andere. Ich hab schon ein paar Mal auf den Traumreisen meinen Bruder getroffen. Das hat mich sehr glücklich gemacht. Bevor wir die Aufgabe mit unserer Geschichte bekommen haben, sind wir in der Traumreise zu verschiedenen

Stationen in unserem Leben gekommen. Ich habe davon etwas in mein Bild eingebaut. Ein anderes Element sind die Gesprächsrunden. Sie sind sehr persönlich und traurig. Es tut gut, den andern zu erzählen, was passiert ist und wie nach dem Tod eines Geschwisters andere Mitmenschen reagiert haben. Wichtig ist es, Gefühle im Gespräch zu teilen. Manche wollen nicht so viel in der Runde sagen, muss man auch nicht, man kann.
Die meisten Gespräche werden aber mit den verschiedenen Jungen und Mädchen außerhalb des Programms geführt. Früher oder später ergibt sich das Gespräch »darüber« und ich hatte schon sehr guttuende Gespräche in der Freizeit. Die vier Leiter sind auch immer Ansprechpartner. Wenn Neue hinzukommen, werden sie sofort integriert. Man fühlt sich sehr schnell wohl. Es gibt keine festen Grüppchen, die sich zu lange kennen um sich nicht für Neue zu interessieren. Wir sind 7–19 Jahre alt, eine starke, offene Gruppe. Und ich finde, es gibt einen tollen Zusammenhalt. Der 8-Jährige, der weint, wird von der 15-Jährigen in den Arm genommen. So schwer es manchmal ist, so viel Spaß haben wir auch. Wir machen jeden 2. Abend ein Spiel, alle zusammen »Große« und »Kleine« und wir machen öfter auch Ausflugsfahrten in die Umgebung. Wir lachen, kichern oder blödeln nachts oder wir weinen eben! Ich bin so froh, die Geschwisterfreizeit zu haben. Ich kann mir gar nicht vorstellen, sie nicht mehr zu haben. Sie bedeutet mir sehr viel. Sie hilft mir in meiner Trauer und mir wird vieles klarer über mich und meine Beziehung zu meinem toten Bruder. Und auch über die Beziehung zu meinem anderen Bruder und zu meinen Eltern. Und meine wirklich guten Freunde, die ich dort kennen gelernt habe, will ich auch nicht mehr missen. Ich wünschte nur, jeder, der in der gleichen Situation wie ich steckt, hätte diese Möglichkeit. Aber nach wie vor gibt es viel zu wenig Hilfe für trauernde Geschwister. Je-

der sollte die Chance haben, so eine Art Selbsthilfegruppe zu besuchen, wie ich es mache. Eltern haben diese Chance schließlich auch! Aber wie so oft, scheinen trauernde Geschwister übersehen zu werden.«

Der Alltag nach dem Verlust eines nahe stehenden Menschen macht bewusst, was es bedeutet, dass der Verstorbene nicht mehr bei einem ist. Eine besondere Ausprägung dieser veränderten Lebenssituation ist, dass Trauernde sich selber wenig Achtung und Zuwendung schenken. Sich selber versorgen, für sich einkaufen, sich selber bekochen oder sich wieder an kleinen, schönen Dingen des Alltags erfreuen, fällt schwer oder wird oft vermieden. Trauernde vernachlässigen sich häufig, haben keinen Appetit und vertreten darüber hinaus die Meinung, dass es sich ohnehin nicht lohne, für sich allein ein schönes Essen zu kochen und sich an einen dekorierten Tisch zu setzen.

Auf dieses Problem geht die schon erwähnte Trauerakademie Pütz-Roth in Bergisch Gladbach ein:

Sie bietet von Trauerbegleitern geleitete Kochseminare für Trauernde an.

Trauer ist ein Gefühl, das aus der gleichen Quelle kommt, aus der auch die Liebe entspringt. Der Volksmund sagt: *»Liebe geht durch den Magen«*. In den Kochseminaren geht es darum, der Einsamkeit zu entfliehen, sich nicht zu verkriechen, sondern gemeinsam die Lebensfreude neu zu entdecken.

Die Trauernden treffen sich regelmäßig, gehen zusammen einkaufen, kochen, reden und spülen gemeinsam. Gekocht werden die Lieblingsspeisen der Verstorbenen oder Gerichte, die an gemeinsame Feiern erinnern.

Ziel des Kochseminars für Trauernde ist u. a., Trauernden zu zeigen, dass das Leben weitergeht, viele Freuden noch bereithält und sie zu motivieren, sich selber wieder mehr Achtung und Zuwendung zu schenken, sich selber zu versorgen, für sich einzukaufen, sich selber zu bekochen oder sich wieder an kleinen, schönen Dingen des Alltags zu erfreuen.

Ausklang

Eine Geschichte zum Nachdenken

»Der Engel an der Brücke«

von Paula Meux[24]

Ich traf auf meinem Weg einen jungen Mann, der ging auf und ab. Ich fragte, was er denn mache und er schaute mich an. Seine Augen waren voll Trauer und auch voll Wut. Sein Körper war geschwächt und doch konnte er nicht ruhen. Auf seinen Schultern lastete ein großes Paket – hier und da waren ein paar Löcher, wo wohl ein Stück des Inhalts fehlte; dennoch schien es dadurch nicht minder schwer.

Ich fragte, warum er denn nur ständig auf und ab gehe? Er sagte, dass er gerne über diese Brücke gehen wolle, um auf die wunderschöne Insel gegenüber der Schlucht zu gelangen, doch er wage es nicht, denn seine Last sei so schwer und die Brücke, die er passieren müsse, mache keinen stabilen Eindruck.

Ich fragte ihn, warum er denn die Last nicht ablegen würde, dann könnte er doch ohne weiteres die Brücke passieren. Er schaute mich entgeistert an – ohne sein Gepäck? Nein, das ginge nicht!

Ich fragte ihn, was denn so Wichtiges in diesem Paket wäre, dass er es denn nicht hier lassen könne. Er lächelte und sagte stolz – es ist meine Vergangenheit.

24. Paula Meux, in: www.zeitzuleben.de/inhalte/in/geschichten/154_engel.html

Er ging auf und ab – sehnsüchtige Blicke folgten dem Weg auf diese wunderschöne Insel – mit Blumen und Früchten und frischem Wasser. Er war wirklich geschwächt, so bot ich ihm Wasser an – dankend trank er.

Ich fragte, ob er seine Last absetzen möge und auf die Insel gehen wolle. Vehement verneinte er – auf keinen Fall würde er seine so kostbare Vergangenheit absetzen, nur, um auf die Insel zu gelangen – es müsse doch schließlich auch einen anderen Weg geben.

Wir schwiegen.

Ich meinte, wenn seine Vergangenheit leichter wäre, so könne er sie vermutlich mit auf die Insel nehmen. Doch wäre sie leichter, so wäre sein Eigengewicht weitaus mehr und so könnte er sowohl mit, als auch ohne Vergangenheit diese Brücke nicht passieren. Dadurch jedoch, dass er nun so lange gegangen sei, mit dieser Last, sei er selber davon so leicht geworden, dass er die Brücke passieren könne, würde er seine Last absetzen.

Er schaute mich erstaunt an – »Es ist also die einzige Möglichkeit diese Brücke zu überqueren?«, fragte er.

Ich schwieg. Er dachte nach.

Dann fragte er mich, ob ich denn kurz für ihn seine Vergangenheit tragen könnte, da er das Paket ungern in den Staub stellen wolle. Er würde jedoch gern einmal auf die Insel gehen, um zu schauen, ob sich denn der Tausch auch lohnen würde.

Ich sagte, dass er gern auf die Insel gehen könne, doch ich würde ihm seine Last nicht abnehmen. Ich zeigte auf den Haufen neben der Brücke und sagte: »All das ist Vergangenheit von vielen anderen, die auch zuvor wie du unentschlossen waren. Es ist deine Entscheidung – wohin es dich trägt.«

Und seit er über die Brücke lief, ruht neben seiner Vergangenheit die Vergangenheit vieler anderer glücklicher, freier Menschen!

Anhang

Weiterführende Literatur zu den angesprochenen Themen

Allgemeine Trauer

Döring, Dorothee: Den Weg durch Leid und Trauer gemeinsam gehen, Matthias-Grünewald-Verlag, 2004.

Döring, Dorothee: Leben in Würde bis zuletzt, Bonifatius Verlag, 2002.

Gerstberger, Beatrix: Keine Zeit zum Abschiednehmen, Marion von Schröder Verlag, 2003.

Goldbrunner, Hans: Trauer und Beziehung, Matthias-Grünewald-Verlag, 1996.

Lord, Janice Harris: Nicht einmal ein Abschiedswort, Kreuz Verlag, 1999.

Rey, Karl G.: Du fehlst mir so sehr, Kösel-Verlag, 1998.

Rix, Klaus und Grümmer, Edmund: Was tun im Todesfall? Gütersloher Verlagshaus, 1999.

Schwikart, Georg: Die richtigen Worte im Trauerfall, Verlag Butzon & Bercker, 1998.

Student, Johann-Christoph: Das Hospiz-Buch, Lambertus-Verlag, 1999.

Wilber, Ken: Mut und Gnade, Goldmann Verlag, 1996.

Wolf, Doris: Einen geliebten Menschen verlieren, Pal Verlag, 2000.

Elterntrauer – Verwaiste Eltern

Beutel, Manfred: Der frühe Verlust eines Kindes, Hogrefe Verlag, 2. Auflage 2002.

Cassuto Rothmann, Juliet: Wenn ein Kind gestorben ist, Herder Verlag, 1998.

Crider, Tom: Der Trauer Worte geben. Der Weg eines Vaters durch Trauer und Schmerz, Scherz Verlag, 1999.

Flieger, Brigitte: Beim ersten Kind kam alles anders. Eine glückliche Schwangerschaft und ihr jähes Ende, Herder Verlag, 1994.

Goldmann-Posch, Ursula: Wenn Mütter trauern, Knauer Verlag, 1996.

Günther, Regina: Kleine fremde Tochter Prisca, Brunnen Verlag, 2001.

Hahn, Anna: Christophers Tod, Lübbe Verlag, 1993.

Hartmann, Jutta: Lautlos und unbemerkt. Der plötzliche Kindstod, Beck Verlag, 1990.

Hemmerich, Fritz Helmut: In den Tod geboren, HYGIAS-Verlag, 2001.

Hinker, Wolfgang & Volker Metelmann: Ein Kinderlachen ist verstummt. Eltern trauern, Quell Verlag.

Jülicher, Jochen: Es wird alles wieder gut, aber nie mehr wie vorher, Echter Verlag, 1999.

Livingstone, Gordon: Nur der Frühling, Hoffmann & Campe, 1997.

Lothrop, Hannah: Gute Hoffnung – Jähes Ende, Kösel-Verlag, 1998.

Lutz, Gottfried u. Künzer-Riebel, Barbara: Nur ein Hauch von Leben, Ernst Kaufmann Verlag, 5., überarbeitete Auflage 2002.

Mackwitz-Böhm, Susanne: Als letztes stirbt die Hoffnung, Attempto, 1998.
Nijs, Michaela: Trauern hat seine Zeit. Abschiedsrituale beim frühen Tod eines Kindes, Verlag für angewandte Psychologie, 1999.
Rosof, Barbara D.: Wenn ein Kind stirbt. Wie Familien mit Tod und Trauer umgehen, Goldmann, 1998.
Schiff, Harriet S.: Verwaiste Eltern, Kreuz Verlag, 1995.
Schophaus, Michael: Im Himmel warten Bäume auf dich, Goldmann Verlag, 2002.
Sommerhoff, Barbara: Fehl- und Frühgeburten, Rowohlt-Verlag, 1993.
Wiese, Anja: Um Kinder trauern, Gütersloher Verlagshaus, 3. Auflage 2006.
Zachert, Christel und Zachert, Isabell: Wir treffen uns wieder in meinem Paradies, Bastei Lübbe, 1993.
Zeevaert, Sigrid: Ein Meer voller Sterne, Dressler Verlag, 1998.

Kindertrauer

Bickel, Lis und Tausch-Flammer, Daniela: Wenn Kinder nach dem Sterben fragen, Herder Verlag, 2004.
Brocher, Tobias: Wenn Kinder trauern, Rowohlt-Verlag, 1985.
Finger, Gertrud: Mit Kindern trauern, Kreuz Verlag, 2001.
Fried, Amelie: Hat Opa einen Anzug an? Hanser Verlag, 1997.
Hendrik Rehrer: Back to the Light, Hannover, Polar Price, 2001.

Hermann, Uwe: Kinder sterben anders. Eine Hilfe für Betroffene, Gütersloher Verlagshaus, 1999.
Kübler-Ross, Elisabeth: Kinder und der Tod, Kreuz Verlag, 1998.
Student, Johann-Christoph: Im Himmel welken keine Blumen. Kinder begegnen dem Tod, Herder Verlag, 1992.
von Keyserlingk, Linde: Da war es auf einmal so still, Herder Verlag, 1997.
Weigelt, Udo und Kadmon, Cristina: Der alte Bär muss Abschied nehmen, Nord-Süd Verlag, 2003.
Zoche, Hermann-Josef: Papa, was ist der Tod? Ein Kind fragt nach dem Leben, Pattloch Verlag, 2001.

Trauer nach Suizid

Otzelsberger, Manfred: Suizid. Das Trauma der Hinterbliebenen, Ch. Links Verlag, 1999.
Paul, Chris: Warum hast du uns das angetan? Gütersloher Verlagshaus, 5., überarbeitete Auflage 2006.
Salzbrenner, Renate: Eigentlich wolltest du leben – Bericht einer Mutter über den Suizid ihres Sohnes, Selbstverlag, 1998.
Thomas, Johannes: Im Schatten deines Todes – Wege durch die Trauer nach einem Suizid, Gütersloher Verlagshaus, 2004.

www.bestatter.de

Aeternitas e.V., Im Wiesengrund 57, 53639 Königswinter, Tel.: 02244/92537, Fax: 02244/925388, E-Mail: info@aeternitas.de, www.aeternitas.de, Verbraucherschutzinitiative rund um Tod und Trauer.

www.leere-wiege.de

Akademie für Menschliche Begleitung, Jorgos Canacakis, 45134 Essen
Goldammerweg 9, Tel.: 0201/442469, Fax: 0201/471800, www.canacakis.de
E-Mail: mail@canacakis.de, Seminare in Deutschland, Österreich, der Schweiz und Griechenland.

Verwaiste Eltern

Initiative Regenbogen, »Glücklose Schwangerschaft« e.V., In der Schweiz 9, 72636 Frickenhausen, E-Mail: BV@initiative-regenbogen.de, Die Initiative kümmert sich um den würdigen Umgang mit Fehl- und Totgeburten.

Verwaiste Eltern in Deutschland e.V., Fuhrenweg 3, 21391 Reppenstedt, Tel.: 04131/6803232, Fax: 04131/681140, www.veid.de, E-Mail: kontakt@veid.de
Auskunft über Trauerseminare und 300 regionale Gruppen.

Verwaiste Eltern Hamburg e.V., Esplanade 15, 20354 Hamburg, Tel.: 040/355056-43/44, Fax: 040/35719767, www.verwaiste-eltern.de, E-Mail: info@verwaiste-eltern.de

Verwaiste Eltern München e.V., St.-Wolfgangsplatz 9, 81669 München, Tel.: 089/4808899-0, Fax: 089/4808899-33, E-Mail: verwaisteeltern@online.de

Verwaiste Eltern Köln,
www.koelner-brett.de/verwaiste-eltern

Verwaiste Eltern München e.V.,
www.verwaiste-eltern-muenchen.de

Verwaiste Eltern Steinhagen e.V.,
www.verwaiste-eltern.com

Leben ohne dich – Virtueller Treffpunkt für Eltern, die ihr Kind verloren haben, www.lebenohnedich.de

Nur ein Hauch von Leben – Hilfestellung f. Eltern, deren Kind vor, während oder kurz nach der Geburt gestorben ist, www.nureinhauchvonleben.at

Tabea e.V. Kontakt und Information für alle Menschen in Verlust- und Krisensituationen, www.tabea-ev.de; TABEA Hausanschrift Berlin, c/o Foyer an der Gedächtniskirche, Breitscheidplatz, 10789 Berlin, Tel.: 030/4955747; Geschäftsstelle Lüneburg, Rehrweg 6, 21335 Lüneburg, Tel.: 04131/733077, Fax: 04131/733078, E-Mail: Info@TABEA-eV.de, Internet: www.TABEA-eV.de

Lalelu – Hilfe für trauernde Eltern, Eileen Lemke und Norman Kappeler, Tel.: 061 87/994788,
Internet: www.lalelu-homepage.de,
E-Mail: webmaster@lalelu-homepage.de
Trauernetz bundesweit (EKD), www.trauernetz.de

Trauernde Eltern Rhein-Main e.V.,
www.trauernde-eltern.org

Trauer um ein Kind – KBW Meckenheim,
www.trauer-um-ein-kind.de

Hilfe für verwaiste Eltern Berlin,
www.hebammen.de/Berlin/wais.htm

Schmetterlingskinder,
www.schmetterlingskinder.de

Selbsthilfe für verwaiste Eltern Schweiz,
star-web.ch/Luca/adressen.htm

Sternenkinder-Eltern, www.sternenkinder-eltern.de

Engelskinder Schweiz, www.engelskinder.ch

Engelskinder Deutschland, www.engelskinder.de

Die Muschel, www.muschel.net

Stillgeboren, www.stillgeboren.de

Zum Sterben geboren, www.totgeburt.net

Eine Mutter berichtet, www.scoobyswelt.de.vu

Sternenengel, www.sternenengel.net

Maximilianprojekt, www.maximilianprojekt.de

Verwaiste Eltern – Krebs bei Kindern,
www.krebs-bei-kindern.de/info/verwaist.htm

Verwaiste Eltern, www.gutehirte.de/verwaist.htm

Fehlgeburt, Totgeburt, Kindstod, Missbildungen beim Baby,
members.chello.at/alexandra.poschauko/Fehlgeburt.htm

Beratung für Eltern nach Fehl- oder Totgeburt,
www.heike-brueggemann.de

K.I.R.A. Skript für trauernde Eltern,
www.frank-markowski.de/Kira/index.html

Verlust eines Kindes durch Chromosomenstörung,
www.schnecken-haus.de

Mein kleines Kind (Filmdokumentation),
www.meinkleineskind.de

Verwaiste Väter, www.verwaiste-vaeter.de

Kindergrab – Seite für verwaiste Eltern, www.kindergrab.de

TrauDichReisen, Martina Taruttis-Schöndelen, Kapellenbruch 209, 41372 Niederkrüchten, Tel.: 02163/82245, Fax: 02163/571769, E-Mail: TrauDichReisen@online.de

Hilfen nach Suizid

TABU, Tiegelstr. 23, 45141 Essen, Tel.: 0201/328777, Fax : 0201/8325368, Internet: www.tabu-team.de, E-Mail: tabuteam@online.de

Arbeitsgemeinschaft »Familie«, Diözesanstelle, Jakobsplatz 9, 96049 Bamberg , Tel.: 0951/502626, Gruppentreffen jeden vierten Freitag im Monat

AGUS e.V., Angehörigengruppe um Suizid, Wilhelmsplatz 2, 95444 Bayreuth, Tel.: 0921/1500380, E-Mail: AGUS-Selbsthilfe@t-online, Internet: www.agus-selbsthilfe.de

AGUS-Augsburg, Selbsthilfegruppe nach Suizid,
E-Mail: heinzula@worldonline.de,
Internet: http://www.agus-augsburg.de

AGUS – Angehörige um Suizid, im Selbsthilfe-Zentrum Neukölln-Rixdorf in Berlin, www.selbsthilfe-neukoelln.de, E-Mail: selbsthilfe.rixdorf@berlin.de

Arbeitsgemeinschaft der Arbeitskreise Leben in Baden-Württemberg, Stuttgart
http://www.ak-leben.de , E-Mail: akl-stuttgart@t-online.de

Arche, Beratungsstelle für Krisenintervention und Suizidintervention, München, Tel.: 089/334041, Fax: 089/395354

Telefonseelsorge, Kostenlose Telefonverbindung bundesweit: Tel.: 0800 111 0 111 oder 0800 111 0 222

Private Trauer Akademie Fritz Roth, Kürtener Straße 10, 51465 Bergisch Gladbach, Tel.: 022 02-93 58 0, www.puetz-roth.de, E-Mail: info@trauerakademie.de, Aktivitäten des Bestatters Fritz Roth.

Haus Salem, Ansprechpartnerin: Sr. Claudia Fischer, Bodelschwinghstraße 181, 33617 Bielefeld-Bethel, Tel.: 0521/1442486, Fax: 0521/1446081

Evangelischer Kirchenkreis Köln-Rechtsrheinisch –
Kontakt: Tel.: 02191/55712, Mobil: 0170/6344044,
E-Mail: Kristiane.voll@web.de
Kontakt: www.diakonie-service.de

Haus der Familie, Familienbildungsstätte, Hohe Straße 3, 48231 Warendorf, Tel.: 02581/2846, Fax: 02581/2782,
E-Mail: hdf-warendorf@t-online.de,
Internet: www.hdf-warendorf.de

www.veid.de

Hospizgruppe Freiburg e.V., Türkenlouisstraße 22, 79102 Freiburg, Tel.: 0761/8814988, Fax: 0761/7074590, www.alles-ist-anders.de, Die Gruppe hat ein Sorgentelefon und ein spezielles Internet-Angebot für trauernde Jugendliche eingerichtet.